W0188018

UMBERTO GALIMBERTI
Liebe. Eine Gebrauchsanweisung

Inhaltsverzeichnis

FÜR TATJANA,

aus Gründen, die mir teilweise bekannt
und teilweise unbekannt sind

Und wenn sie dann ihr ganzes Leben miteinander verbunden bleiben, dann könnten sie nicht einmal sagen, was sie voneinander erwarten. Denn es wird kaum jemand glauben, daß es der gemeinsame Liebesgenuß sei, weswegen sich der eine so leidenschaftlich darüber freut, mit dem anderen zusammen zu sein. Sondern es ist klar, daß die Seele von beiden etwas anderes will, das sie nicht nennen kann, sondern sie ahnt nur, was sie will, und läßt es dunkel erraten.

Platon *Symposion*

Einführung

Den geringsten Anteil an der Liebelei hat die Liebe.
François de la Rochefoucauld *Maximen und Reflexionen*

Warum ein Buch über die Liebe? Weil sich die Liebe im Zeitalter der Technik grundsätzlich gewandelt hat. Sie ist zum einzigen Freiraum geworden, in dem der einzelne sich jenseits der Rollenzwänge, die unsere technisch organisierte Gesellschaft ihm auferlegt, verwirklichen kann. Andererseits ist dieser Raum, in dem das Ich sich ohne jegliche Einschränkungen ausleben kann, zum Schauplatz eines *radikalisierten Individualismus* geworden, auf dem Männer wie Frauen im anderen ihr eigenes Ich suchen. In der Beziehung geht es ihnen weniger um die Herstellung einer Verbindung mit dem anderen als vielmehr darum, ihr Selbst zu entfalten und zu entwickeln. Eine Art Selbstmitleid, das in einer Gesellschaft keinen Ausdruck mehr finden kann, in der die Identität eines jeden nach seiner Eignung und Funktionalität im System festgelegt wird.

Aufgrund dieses merkwürdigen Zusammenspiels wird die Liebe in unserer Zeit für die eigene Selbstverwirklichung *unverzichtbar*, aber auch *unmöglich* wie nie zuvor: Was in der Liebesbeziehung gesucht wird, ist nicht der andere, sondern die Selbstverwirklichung durch den anderen.

Die traditionellen Gesellschaften, die wir mit Hilfe der Technik hinter uns gelassen haben, ließen der Wahl des einzelnen und seiner Suche nach einer eigenen Identität wenig Raum. Abgesehen von gewissen Gruppen und kleinen Eliten, die sich den Luxus der Selbstverwirklichung leisten konnten, besiegelte die Liebe weniger die Beziehung zwischen zwei Individuen; sie diente in erster Linie der Verbindung zwischen zwei Familien oder Clans, die mit ihrer Hilfe ökonomische Sicherheit und Arbeitskraft für das Familienunternehmen hinzugewinnen, durch Nachkommen den Besitzstand sichern und, wenn es sich um privilegierte Schichten handelte, Vermögen und Ansehen vermehren konnten.

Heute ist die Verbindung zwischen zwei Menschen nicht mehr vom täglichen Kampf ums Überleben oder von der Erhaltung und dem Ausbau einer sozial privilegierten Stellung bestimmt. Heute ist sie das Ergebnis einer *persönlichen Wahl*, die im Namen der Liebe getroffen wird. Über diese Entscheidung haben die ökonomische Situation oder gesellschaftliche Stellung, die Familie, der Staat, das Rechtswesen oder die Kirche keine Verfügungsgewalt mehr. Dies gilt für die Ehe, wo zwei Menschen sich in vollkommener Freiheit füreinander entscheiden, wie für die Trennung oder Scheidung, wenn sie in der gleichen Freiheit wieder auseinandergehen.

So büßt die Liebe all ihre früheren sozialen Bindungen ein und wird zum *absolutum* (*solutus ab*, abgelöst von), wo ein jeder sein eigentliches Selbst zu verwirklichen versucht, das er in den gesellschaftlichen Rollen, die er im sozialen Bereich einnimmt, nicht ausdrücken kann.

Zwischen *Privatleben* und *Gesellschaft* findet kein Austausch mehr statt, keine Osmose, keine Beziehung. In der Gesellschaft ist jeder Funktionsträger und führt Handlungen aus, die je nach sozialer Zugehörigkeit festgelegt und vorgeschrieben sind, und nur in der Liebe findet er den Raum, er selbst zu sein und sich jenseits der Rollenidentität zu erfahren. Authentizität, Aufrichtigkeit, Wahrheit und Individuation finden in der Liebe den Raum, den die von der technischen Rationalität beherrschte Gesellschaft ihnen nicht mehr gewährt.

Dadurch aber wird die Liebe zum Maß für den *Sinn des Lebens* und trägt ihr Fundament allein in sich beziehungsweise in den Menschen, die sie erleben. In der Liebe verweigern sie Berechnung, Eigennutz, Zweckmäßigkeit, ja, sogar die vom sozialen Handeln geforderte Verantwortung, denn hier wollen sie jene Spontaneität, Aufrichtigkeit und Intimität wiedererlangen, die sie in der Gesellschaft nicht ausleben können.

Als Gegengewicht zu einer gesellschaftlichen Wirklichkeit, wo niemandem erlaubt ist, er selbst zu sein, weil jeder so sein muß, wie der Apparat ihn will, und das Leben als entfremdet empfunden wird, muß die Liebe zum einzigen Zufluchtsort des Sinns, zum Ort für Entdeckungen, zum Übungsgelände für die eigene Freiheit werden. Das geht an die Grenzen der Anarchie. Denn dort, wo das Recht des Gefühls absolut gesetzt und als einzig authentischer Weg zur Selbstverwirklichung verherrlicht wird, was schützt uns da vor der Natur des Gefühls, dessen typische Eigenschaften gerade *Unbeständigkeit* und *Veränderlichkeit* sind? Nichts. Deshalb gehören in der Liebe Konstruktion und Destruktion unauflöslich zusammen, wie Verzückung und Verzweiflung, Selbstverwirklichung und Selbstverlust dicht beieinanderliegen.

Herausgelöst aus den sozialen Bindungen, die sie traditionellerweise bestimmten, ist die Liebe im Zeitalter der Technik ganz in die Hände der einander begegnenden Individuen gelegt. Im Geheimnis dieser intimen Begegnung, dem einzigen Ort, an dem die persönlichsten und zentralen Bedürfnisse sich entfalten dürfen, hat sie ihren Grund. Gegen die Wirklichkeit der Abstraktionen, der Statistik, der Zahlen und Formeln, der Funktionalitäten und Rollenzwänge kommt in der Liebe die Wirklichkeit der Individuen zum Ausdruck, die sich weigern, sich vollkommen vom Regime der *Rationalität* vereinnahmen zu lassen. Denn je mehr dieses um sich greift und total wird, desto attraktiver läßt es die der Liebe innewohnende Irrationalität erscheinen.

Als letzter verbliebener Raum, wo man wirklich man selbst sein kann, wird die Liebe zur einzig möglichen Antwort auf die in der Gesellschaft herrschende Anonymität und auf jene radikale Einsamkeit, die die Auflösung aller Bindungen im Zeitalter der Technik mit sich bringt. In einer ausschließlich von mechanischen Abläufen beherrschten Welt zu bloßen Statisten degradiert, erkennen die Liebenden keine übergeordnete Instanz für ihre Liebe an. Diese benötigt kein anderes Fundament und keine andere Verpflichtung als ihre gegenseitige freie Wahl. Während die Liebe einst an gesellschaftlichen Konventionen zerbrach, erscheint sie dem einzelnen heute als einzige Zufluchtsstätte vor ebendiesen Konventionen, in denen niemand das Gefühl hat, wirklich er selbst sein zu können.

Es ist, als ob die Liebe gegen die von der technischen Rationalität beherrschte Welt den Anspruch auf eine eigene Wirklichkeit geltend macht. Und dabei steht an oberster Stelle natürlich nicht der andere, sondern *man selbst*. Dem ist unabhängig von jedem guten oder bösen Willen so, denn wie könnte man jemandem verwehren, in der Liebe das zu suchen, was er zum Leben braucht und anderswo nicht bekommen kann?

Doch damit wird die Liebe zum Rätsel: In ihr vor allem eine Möglichkeit der *Selbstverwirklichung* zu sehen widerspricht nämlich ihrer Natur, die wesensmäßig *Beziehung zum anderen* ist. Wenn die beiden Beteiligten aufhören, Rollen zu spielen und zweckrational zu handeln, werden sie im Streben nach der eigenen Authentizität etwas anderes, als sie vor der Beziehung waren, sie werden einander ungekannte Wirklichkeiten enthüllen und sich gegenseitig neu erschaffen, *indem sie im anderen sich selbst suchen.*

Im Zeitalter der Technik, wo alle sozialen Bindungen offenbar zerbrochen sind, ist die Liebe also weniger eine Beziehung zum anderen als ein *fanatischer Subjektivitätskult*, in vollkommener Übereinstimmung mit dem von unserer Kultur gelehrten extremen Individualismus, der im anderen nicht mehr sieht als ein Mittel zur Selbstbestätigung.

Im Zeichen der instrumentellen Vernunft gibt es keine Handlung, die nicht strikt auf einen Zweck gerichtet wäre. Ausgerechnet in dieser Situation stellt die Liebe, die dem Individuum wie ein letzter Zufluchtsort erscheint, dasselbe Szenario paradoxerweise nun auch für den Bereich der Intimität her: *Das Du wird zum Mittel für das Ich*, das auf der verzweifelten Suche nach sich selbst ist und aus der sozialen Anonymität erlöst werden möchte, die es zur Bedeutungslosigkeit reduziert.

Als Ich-Philosophie aus biographisch-therapeutischer Sicht betrachtet, sind die Wurzeln der Liebe mit ihren Höhen und Tiefen nicht so sehr, wie allgemein angenommen, in biographischen Vorfällen der frühen Kindheit zu suchen, die der therapeutischen Behandlung zugänglich wären. Sie liegen vielmehr in einer der Liebe selbst *inhärenten Logik*, der zufolge jeder von uns in seiner abgeschlossenen Identität erfahren muß, daß die Begegnung mit dem anderen zur Enttäuschung wurde. Denn sie brachte die Entdeckung, daß der andere bloß der Vorwand war für die Selbstverwirklichung, die in unserer Gesellschaft scheinbar keinen anderen Ort für ihre Entfaltung kennt als die *Intimität*.

Wenn freilich nur die Intimität an sich gesucht wird und nicht die mit dem anderen, tritt der einzelne nicht aus seiner Einsamkeit heraus und schon gar nicht aus seiner Abkapselung. Allein durch die Absicht, in der Liebe sich selbst wiederzugewinnen, blockiert er jede Form von Transzendenz, von Hingerissensein und Entgrenzung, die seine undurchlässige Selbstgenügsamkeit aufs Spiel setzen und eine Bresche oder auch Wunde in seine gepanzerte Individualität schlagen könnte. Doch ebendas, eine Art Riß durch das Selbst, auf daß der andere es durchdringe – das ist die Liebe.

Nicht Suche nach sich selbst, sondern nach jenem anderen, der imstande wäre, unsere Autonomie zu durchbrechen, unsere Identität zu verändern und sie in ihren Abwehrmechanismen zu erschüttern. Denn der *andere* geht ja nicht an mir vorüber wie an einer Wand, er *ver-ändert* mich. Wie soll ich aber ohne diese Veränderung, die mich erschüttert, mich herausreißt und mein Innerstes bloßlegt, wie soll ich da vom anderen durchdrungen werden, wenn er doch der einzige ist, der mir ermöglicht, außer ich selbst auch ein anderer zu sein?

Liebe ist nicht die Suche nach der eigenen verborgenen Subjektivität, die zu erlangen im sozialen Zusammenleben nicht gelingen will. Liebe ist vielmehr eine *Enteignung der Subjektivität*. Für das Subjekt bedeutet sie, daß es sich aus seiner Identität herausreißen läßt, weil nur der andere uns von der Last einer Subjektivität befreien kann, die nichts mit sich anzufangen weiß.

Was ist denn das Begehren der Liebenden, ihr Sich-Suchen und Sich-Berühren anderes als ein Versuch, ihrem Wesen Gewalt anzutun, in der Hoffnung, jenen moralischen Gipfelpunkt zu erreichen, an dem wahre Kommunikation möglich ist, jenseits der Scheinkommunikation, zu der unsere Kultur der Funktionalität und der Effizienz uns ständig zwingt?

Um wirklich ein Gegenentwurf zur Technik und der sie beherrschenden instrumentellen Vernunft zu sein, kann die Liebe nicht Suche nach sich selbst sein, die den anderen instrumentalisiert, sie muß *bedingungslose Auslieferung* an das Andersartige sein, die unserer Identität einen Stoß versetzt, nicht, um unserer Einsamkeit zu entfliehen, und auch nicht, um mit der Identität des anderen zu verschmelzen, sondern um sie für das zu öffnen, was wir nicht sind, für das *Nicht-Ich*.

Dann allerdings erweist sich die Liebe tatsächlich als radikaler Umsturz von Stabilität, Ordnung, Identität und Eigentum, die, um es mit Karl Jaspers zu sagen, beherrscht sind vom «Gesetz des Tages», das nichts weiß von der «Leidenschaft zur Nacht», die jede Stabilität und jede taghelle Identität auslöscht[1], auf daß Liebe sich ereignen kann.

Und mit der Liebe der andere, doch nicht, damit ich zum tieferen Sinn meiner selbst gelangen, sondern damit ich mein Tagesselbst aufgeben kann, das mir nicht erlaubt, an jene Nacht des Ununterschiedenen[2] zu rühren, aus der wir eines Tages hervorgegangen sind. Denn es wäre äußerst gefährlich, wenn wir den Kontakt zu ihr verlieren würden.

Deshalb sage ich: Liebe ist keine ruhige Angelegenheit, ist nicht Feingefühl, Zutrauen, Behaglichkeit. Liebe ist nicht Verständnis, Gemeinsamkeit, Freundlichkeit, Respekt, Leidenschaft, die die Seele berührt und die Körper verschmilzt. Liebe ist nicht Stille, Frage und Antwort, Siegel ewiger

Treue, Zerreißen von einst gemeinsamen Absichten, Verrat unerfüllter Versprechen, Schiffbruch der Träume. Liebe ist Verletzung der Integrität der Individuen, sie ist eine Erfahrung, die an die Grenzen des Menschlichen rührt.

1.

Liebe und Transzendenz

Liebe ist keine rein menschliche Angelegenheit

Wenn du heraustrittst aus deinem Ich, und sei es auch nur
wegen der schönen Augen einer Zigeunerin, begreifst du, was
du von Gott verlangst und weshalb du Ihm nachläufst.
Christos Yannaras *Variations on the Song of Songs*

Im Unterschied zum Tier weiß der Mensch um seine
Sterblichkeit. Durch dieses Wissen ist er zu einer Vorstellung vom Jenseits gezwungen. Ganz gleich, ob man sich die-
ses Jenseits von Gott oder vom Nichts bewohnt denkt.
Dadurch wird die Zukunft für den Menschen zur Unbe-
kannten, zur verborgenen Quelle seiner geheimen Befürch-
tungen. Wir fürchten uns nicht vor diesem oder jenem, son-
dern vor dem Nichts, das uns vorausgeht und uns erwartet.
Und wenn am Anfang und am Ende unseres Lebens das
Nichts steht, stellt sich unausweichlich die Frage nach dem
Sinn unseres Daseins. Eine Existenz für nichts oder für
Gott?

Doch damit sind wir bereits bei den Antworten, den Ar-
gumentationen, Bekehrungen und Verzweiflungen. Ich
möchte das Wesen der Liebe, das Norman Brown zufolge
«Subtraktion von Tod» (*a-mors*) ist[3], *vor* diesen Fragen und
Antworten ansiedeln, ich möchte es dort suchen, wo der
Mensch jenseits der Existenz aufschreit und nach Gehör
verlangt. Und solches Gehörtwerden nennt er Gott: *unbe-*

kanntes Du, das die Gleichgültigkeit der Erde und der Dinge, die auf dieser Erde vollbracht werden, wettmacht.[4]

Tatsächlich sieht es so aus, als sei der Dialog zwischen Ich und Du unbefriedigend, als verlangten das Stillschweigen und das Unverständnis, das es trotz allen guten Willens und aller guten Absichten gibt, nach einem höher gearteten Verstehen.

Es sieht so aus, als sei die Einsamkeit des Herzens so tief, daß keine menschliche Stimme zu ihr vordringen kann.

Es sieht so aus, als würde die Gewalt der Leidenschaft im Zorn und in der Liebe, die die Menschen miteinander austauschen können, keine Entsprechung finden.

Es sieht so aus, als könne die Einsamkeit nicht einmal Gestalt annehmen und schon gar nicht zum inneren Zwiegespräch werden, wenn die andere Seite kein übermenschliches Antlitz trägt.

Es sieht so aus, als sei die Metapher des Unbewußten zu armselig, um das Leiden zu erfassen, das sich nur in religiösen Symbolen angemessen bildlich darstellen läßt.

Es sieht so aus, als wüßte der menschliche Geist nicht, warum er in seinen höchsten Leistungen zum Himmel streben sollte, wenn dieser leer ist. Ebensowenig wie das Exil, in das die Verzweiflung uns treibt, vorstellbar wäre ohne eine Hölle, die es uns als Teil einer seelischen Bildwelt kenntlich machte.

Angesichts solch beunruhigender Fragen sind die Worte unserer Alltagssprache nur als erbärmlich zu bezeichnen. Und nur die Liebe kann mit ihren Erschütterungen jene notwendige Nachgiebigkeit des Geistes bewirken. Denn im Unterschied zum Herzen ist die gewappnete Vernunft unfähig, eine Wahrheit *zu streifen*, ohne sie zu *besitzen*. Wie der griechisch-orthodoxe Theologe Christos Yannaras schreibt:

Wenn du dich einmal verliebt hast, kannst du von dem Moment an das Leben vom bloßen biologischen Selbsterhalt und von Sentimentalitäten unterscheiden, das heißt, du weißt, was Leben und was Überleben ist. Du weißt, daß Überleben Leben ohne Sinn und Sinnlichkeit bedeutet. Es ist ein schleichender Tod: Du ißt Brot, aber dein Hunger und deine Schwäche bleiben, du trinkst Wasser, bist aber noch durstig, du berührst die Dinge und spürst sie doch nicht, du riechst an der Blume, und ihr Duft erreicht deine Seele nicht. Ist aber der Geliebte an deiner Seite, erfüllt sich alles mit neuem Leben, und du selbst wirst von einer solchen Kraft überschwemmt, daß das tönerne Gefäß deines Daseins dir zu klein erscheint, sie zu fassen. Dieser Strom des Lebens ist der Eros. Ich spreche nicht von Gefühlsduseleien und mystischen Schwärmereien, sondern vom Leben, das nur so wirklich und greifbar wird. Es ist, als würde es dir wie Schuppen von den Augen fallen, und alles um dich herum erscheint dir zum ersten Mal, jedes Geräusch scheinst du zum ersten Mal zu vernehmen, und dein Tastsinn bebt vor Freude bei der Entdeckung der Dinge. Dieser Eros ist kein Privileg der Künstler oder der Weisen, nein, er bietet sich jedem unter den gleichen Voraussetzungen an. Und er ist der einzige Vorgeschmack auf das Himmelreich, die einzige wirkliche Überwindung des Todes. Denn nur wenn du heraustrittst aus deinem Ich, und sei es auch nur wegen der schönen Augen einer Zigeunerin, begreifst du, was du von Gott verlangst und warum du Ihm nachläufst.[5]

Als letzte Erkenntnis und Artikulation der letzten Fragen fragt Liebe nach dem Ursprung der Welt, der Materie, des Lebens, des Bösen, der Zerstörung, der Verderbnis, fragt, warum Reichtum und Schmerzen so ungerecht verteilt sind unter den Menschen, und möchte begreifen, warum die Liebe zu Gott und die Liebe zu den Menschen im Spektrum des Ganzen nicht Teile sind, die sich eins ins andere fügen.

Stellt sich aber heraus, daß dieser Gott dem toten Begriff unterworfen oder Hüter einer verherrlichten Keuschheit ist, verkümmert die Liebe und verfällt dem Rhythmus des Todes. Dort sind nur Streben nach Besitz, nach Beherrschung und Instrumentalisierung des anderen zu finden, in einer Beziehung, aus der alles Leben gewichen ist und mit ihm das Staunen über die Zeit- und Grenzenlosigkeit, das am Anfang jeder Liebesbeziehung steht.

Vielleicht war die Metapher der Liebe deshalb stets unauflöslich mit der Metapher Gottes verknüpft. Nicht in dem tröstlichen Sinn, daß es einen Gott gibt, der die Menschen liebt, und Menschen, die Gott lieben, sondern in dem Sinn, daß die Liebe bar jeder Transzendenz, für die Gott die Metapher ist, ihre Kraft und Fähigkeit, die Welt zu entziffern, einbüßt.

Die Liebe wohnt im Grenzbereich zwischen Körperlichem und Geistigem, sie lebt im Austausch der Blicke, des Lächelns, der Stimme, der Bewegung. Ein *Lächeln*, das nicht Mimik, sondern Gabe ist, ein *Blick*, der zögernd dem Begehren den Weg bahnt und in dem sich die ganze Einmaligkeit des Ereignisses spiegelt, eine verhaltene *Stimme*, in der die Fleischwerdung des Wortes unmittelbar sinnlicher Ausdruck wird, eine *Geste*, deren Anmut der Rhythmus der Schönheit selbst ist und die Zärtlichkeit erweckt, während die *Bewegung* schüchtern einen Tanzschritt andeutet, in dem unmerklich eine verborgene Freude mitschwingt.

Der begehrte Körper artikuliert das verheißene Begehren, er inszeniert jene Nacktheit, die Polyphonie der sinnlichen Ausdrucksmittel ist, unentwegter Übergang von einer Sprache des Sichtbaren zu einer des Tastsinns, vom Rausch der Anrufung zur Ekstase des Ergriffenseins. Hier verschränkt sich eine Semantik des Lichts mit der der Gnade. Wie es im Lukasevangelium heißt: «Ich sah den Satan wie einen Blitz vom Himmel fallen.»[6] Solche Nacktheit ergibt sich so absichtslos wie das Leuchten im Blick des Verliebten. Es ist das Ablegen der Scham als dem letzten Bollwerk der Selbstverteidigung, Verlust jeden Maßes, Entwaffnung und rückhaltlose Preisgabe seiner selbst.

Hier aber kann die Einladung zum Leben, die jede Anrufung durch die Liebe ist, sich zur höhnischen Fratze des Todes verziehen, die auf dem Grund allen fragmentarischen Luststrebens ohne Zweck und ohne Transzendenz liegt. Noch aus der Distanz des Scheiterns erkennen wir jedoch die Liebe, fast, als könne es Erkenntnis nur *nach* Verzehr der Frucht, *nach* der Trennung geben, wie es im Hohelied heißt: «Des Nachts auf meinem Lager suchte ich ihn, den meine Seele liebt. Ich suchte ihn und fand ihn nicht.»[7] In der Liebe sind wir tatsächlich alle Adam und Eva am ersten Tag. Die Erfahrung der anderen lehrt uns nichts über die Liebe. Nicht, daß die Liebe eine Art der Lebensführung ist, und auch nicht, daß diese stets offensteht, stets über den Bereich des Menschenmöglichen hinausgeht.

In jedem vollzogenen Liebesakt tut sich ein jäher Ausblick auf Transzendenz und Jenseitigkeit auf, ohne daß wir sie erlangen könnten. Als Gier der Körper im brennenden Verlangen nach Gegenseitigkeit, Durst des Wanderers in der glühenden Einsamkeit der Wüste, ist die sexuelle Lust eine Verlängerung der Natur, nicht der Individuen. Sie bliebe bloßer Autoerotismus der Natur, wenn nicht ein Funken der Transzendenz in ihre Dunkelheit fiele und jene Anrufung vernehmbar werden ließe, die das Fleisch erweckt und es zwingt, jenen göttlichen Funken preiszugeben, in dem unser Name aufbewahrt ist, den nur der andere anzurufen vermag:

> Komm, mein Geliebter, wandern wir auf das Land, schlafen wir in den Dörfern. Früh wollen wir dann zu den Weinbergen gehen und sehen, ob der Weinstock schon treibt, ob die Rebenblüte sich öffnet, ob die Granatbäume blühen. Dort schenke ich dir meine Liebe.[8]

Doch der Eintritt in den Weinberg bleibt demjenigen verwehrt, der das Bild Gottes von dem der Liebe scheidet, der die «Fleischwerdung» nicht kennt.

Wie Jaspers in seinem Kommentar über Abaelard und Heloïse schreibt:

> Heloïse ist fromm; ihre Wendung: sie wolle Abaelard selbst in die Hölle folgen, heißt nicht Abaelard sei ihr Gott, sie würde zwischen Gott und Abaelard Abaelard wählen, sondern: es kann kein wahrer Gott sein, der die Trennung von Abaelard verlangt wegen der Mönchsgelübde; es ist grade nicht die wilde Sinnlichkeit, die ihrer Natur nach schnell verrauscht, so gewaltsam sie im Augenblick sich durchzusetzen drängt; auch nicht die geistig geformte Erotik, sondern eine transzendent bezogene, unbedingte Liebe, deren Verrat die Existenz selbst bedrohen und darin die Transzendenz antasten würde.
> [...] Denn Gott ist für den Menschen nicht als eine alles andere ausschließende Objektivität da, die seine Forderungen ausspricht und seine Gnade verwaltet; sondern Gott ist immer nur Gott für die einzelne Existenz.[9]

24

Wo die Spur der Transzendenz abhanden kommt, negiert das Leben sich selbst, fällt auf sich zurück, Ding unter Dingen, ohne Verweis auf ein Jenseits. Was aber kann den Weg zur Transzendenz öffnen, wenn nicht die Liebe? Und wie könnte sie das, wenn nicht dadurch, daß sie im *Überschwang* ihres Ausdrucks die *Übertretung* sucht, ein Jenseits des Sinns außerhalb allen bewährten Maßes?

Liegt vielleicht hier, im Überschreiten des Maßes und der von ihm geschaffenen Rechtsordnung, der Berührungspunkt zwischen Liebe und Transzendenz? Ist es vielleicht so, daß Abraham, wenn er sich anschickt, seinen Sohn zu opfern, dies aus Liebe zu Gott tut, in Übertretung des fünften Gebots, wie Kierkegaard meinte?[10] Liebe, die eifersüchtige Hüterin der letzten Fragen, hält vielleicht die Lösung auch dieses Rätsels bereit.

Es bleibt ein Rätsel, wo die Liebe in Gott den ihr eigenen Funken der Transzendenz erblickt und Gott in der Liebe seine eigene Natur, die sonst vor ihm selbst verborgen bliebe. Die Verbindung, die hier geknüpft wird, läßt weder Sentimentalitäten noch mystische Anwandlungen zu, in ihr ist Raum nur für jene hermetische Verbindung zwischen Liebe und Transzendenz, die den Mystikern, im Unterschied zu den Metaphysikern, in den Verzückungen der Seele erfahrbar wird.

Als unsere Kultur noch nach metaphysischen Kategorien geordnet war, wurde Gott als das Eine und Erste Prinzip gedacht. Später, nach der Feststellung, daß Gott tot sei, hat Nietzsche auch diese Kategorien für tot erklärt, und unsere Epoche machte sich auf die Suche nach anderen Möglichkeiten, Gott zu denken. Eine davon ist die «Liebe», in der Baget Bozzo die christliche Metaphorik mit dem Begriff der «Freiheit» verknüpft: «Wenn wir Gott als Liebe definieren, so verstehen wir Gott als denjenigen, der alle Wirklichkeit, in der er sich kundtut, in Freiheit aus sich entläßt.»[11]

Hier hebt das Drama der christlichen Theologie an, und die vier, *Gott, Mensch, Engel* und *Teufel*, treten im kosmischen Spiel in Beziehung zueinander, wo Liebe sich in der Freiheit widerspiegelt und der Mensch in der Freiheit auf seine Grenze trifft.

Zu dieser schwindelerregenden Höhe des Gedankens gelangen wir nur, wenn wir den gewöhnlichen Begriff von Liebe, wie wir ihn in menschlichen Belangen kennengelernt haben, hinter uns lassen. Denn hier ist Liebe zumeist mit Besitz verbunden und Besitz mit Obhut, damit uns die Erfahrung der Grenze erspart bleibt, die jeder Akt der Freiheit als Ausdruck des Lebens beinhaltet.

Liebe, wahre Liebe, behütet nicht, sie exponiert, auf daß *Leben* stattfinde, das vom ganzen Apparat der Vorsichtsmaßnahmen, den die *Existenz* um sich aufbaut, eingeschnürt und erdrosselt wird. *Leben ist das Gegenteil von Existenz.* Die Frau bringt die Existenz hervor, Gott das Leben. Deshalb hat unsere Kultur, wenn wir in der christlichen Metaphorik bleiben wollen, stets eine gewisse Verwandtschaft zwischen der Frau und dem Teufel empfunden: «Das Herz einer Frau kennt nur der Teufel», sagt Dostojewskij.[12] Das ist keine Frage des Geschlechts, es ist eine Frage der Grenze. Die Grenze der Existenz, jeder Existenz, innerhalb der überquellenden Fülle des Lebens.

Gott entäußert sich im Leben, der *Teufel* dagegen macht sich zum Hüter der Existenz, die eine Schrumpfform des Lebens ist. Der Engel, der nicht frei ist wie der Mensch, sondern Ergebnis einer einmaligen, ein für allemal getroffenen Wahl, ist wie der Teufel «Hüter», doch er wirkt nicht hin auf Bewahrung der Existenz, sondern auf deren Unterbrechung, damit das geschehe, was nie geschieht: daß die Existenz sich auf das Leben hin öffnet.

«Gott ist Liebe, und die Liebe ist Gott», schreibt Baget Bozzo in dem Versuch, die *Idee* Gottes zu überwinden, um die *Wirklichkeit* Gottes zu fassen. Auf seiten des Teufels steht die *Moral*, jede Moral, die verhindert, daß das Mögliche sich im Leben ereignet. Auf seiten des Teufels steht jede Existenz als Einengung des Lebens in seine Grenzen. Der Mensch kann sich nicht mit dem Teufel identifizieren, mit dem Hüter der Grenze, und deshalb betrachtet er den Tod als Auflösung jeder Grenze, angefangen von jener Grenze, die wir jedesmal verspüren, wenn wir Ich sagen.

Daher empfinden wir seit jeher eine gewisse Verwandtschaft zwischen Liebe und Tod. In jedem tiefempfundenen sexuellen Akt liegt die Erfahrung des Todes, als Verlust des Ichs, als Zurückweichen der Grenze. In diesem Sinn ist die tiefe Erfahrung des Sexus eine göttliche Angelegenheit. Der Teufel kennt Sexualität nicht als Auflösung, sondern nur als Instrument von Macht und Herrschaft, als Bestätigung des Ichs in seinen unüberschreitbaren Grenzen.

Der Tod, der die Existenz zunichte macht, eröffnet den Zugang zum Kosmischen. Im Tod gibt es keinen Sinn, denn jeder Sinn gehört zum Ich und daher zum Teufel, der die Grenzen des Ichs hütet, jener fortwährenden schöpferischen Kraft zum Trotz, die wir in der Sprache der Mystik und im Namen Gottes «Liebe» nennen können.

Und wenn die Liebe im Untergang aller historischen Formen zu suchen wäre, in denen Religion ihren Ausdruck gefunden hat, um sich jenseits der Subjektivität, worin die moderne Philosophie seit Descartes eingeschlossen blieb, einen Raum zu eröffnen? Und wenn Nietzsche mit seiner Verkündung vom Tode Gottes der erste Prophet einer neuen Anschauungsweise Gottes wäre, jenseits des Subjekts, jenseits des metaphysischen Einen, jenseits aller Gehege, in welche die Religionen ihn auf Einflüsterung des Teufels hin und mit dem Anspruch, im Namen Gottes zu sprechen, eingeschlossen haben?

In der Tat erkennt Gott sich in allen Namen wieder, die wir Ihm geben, weil er das freie Spiel des Lebens liebt, das nichts will und nicht urteilt, weil Er, wie die Mystiker sagen, einfach nur liebt. Und in jedem Erleben des Menschen liebt Er sich, in jeder Existenz, die ihrer Auflösung zustrebt, bis hin zur letzten, mit der die Geschichte endet und mit der Geschichte die Grenze. Da findet dann auch der Teufel seine Heimat in Gott.

Hier verknüpft sich die religiöse Metaphorik mit erotischen Anspielungen, um in einem Crescendo bis zu jenem Höhepunkt zu gelangen, wo die menschliche Liebe nur im Gleichklang mit der kosmischen Liebe ihren wahren Ausdruck findet. Das bedeutet, daß unser Tun im Universum Harmonie oder Disharmonie auslöst. Die liebende Geste, die erschafft, kann zur Geste werden, die zerstört, zur Gefahr, nicht so sehr für uns als für den Kosmos, dem wir nicht gleichgültig sind.

Der Bezug aufs Kosmische, der mit der Anrufung der Transzendenz einhergeht, verhindert die Einsamkeit des Fleisches und die Reduktion der Liebe auf den blinden Trieb, in dem sich die animalischen Züge des Menschen bemerkbar machen. Die Sprache der Wissenschaft hat auch vor den Dingen der Liebe nicht haltgemacht, sie hat uns erzogen, die Dinge nüchtern zu sehen, und so haben wir Himmel und Erde Lebewohl gesagt, Lebewohl auch der Harmonie.

An die Stelle der *Leidenschaft* ist die *Pathologie* getreten, und an die Stelle der Dichter, die von der Liebe sangen,

Psychologen und Sexualwissenschaftler, denen es nicht um den Einklang des Menschen mit dem Kosmos geht, sondern nur um die Befriedigung dessen, was zwar auch sie Begehren nennen, dabei aber außer acht lassen, daß das lateinische Wort für begehren, *desiderare*, im eigentlichen Wortsinn auf die Sterne verweist: *de-sidera*.

Es bleibt nichts mehr zu sagen, wenn das Begehren erlischt. In der Ruhe des Leibes gibt es keinen Aufschwung der Seele mehr. Und Liebe ist, wenn wir uns nicht mit der düsteren Melancholie des Fleisches begnügen, eine Angelegenheit der Seele.

Natürlich kennt diese Seele auch das Zerreißen von Bindungen, angefangen bei der gewöhnlichen, institutionalisierten, gesellschaftlich akzeptierten Liebe, dem, was Kierkegaard den «ethischen Zustand» nennt, den man hinter sich lassen muß, um den «religiösen Zustand» zu erreichen[13], in dem auch die ethischen Bindungen nicht mehr halten.

Was aber bleibt von einer Liebe, die die Transzendenz will und sich von Blitzen erschüttern läßt? Es bleibt auf der einen Seite das Göttliche und auf der anderen die Beschwörung der Körper, denn in dieser *Spannung* können sämtliche Metaphern der Liebe frei schwingen.

2.

Liebe und Sakralität

Gefährliches Spiel an der Grenze, wo Verbot und Übertretung beieinanderliegen

Das Jasagen zum Leben bis in den Tod ist Herausforderung,
sowohl in der Erotik der Herzen wie in jener der Körper,
es ist eine Herausforderung des Todes aus Gleichgültigkeit
ihm gegenüber.

Georges Bataille *Die Erotik*

«Das Gewaltsamste», schreibt Bataille, «ist für uns der
Tod, der uns gerade jener Hartnäckigkeit entreißt, mit der
wir auf der Fortdauer des diskontinuierlichen Wesens, das
wir sind, beharren.»[14] Der Wunsch nach Unsterblichkeit,
der hier ins Spiel kommt, ist der Wunsch, das Fortbestehen
des eigenen Seins sicherzustellen, das in der Gesamtheit des
lebendigen Seins untergeht. Diese kennt keinen Tod; im
Gegenteil bezeugt der Tod des Individuums seine Ewigkeit.

Genau darin sind die tieferen Wurzeln des religiösen Opfers zu vermuten, das auf den Bereich des Heiligen verweist,
wenn wahr ist, was Bataille sagt: «Das Heilige ist eben die
Kontinuität des Seins, die denen offenbar wird, die ihre Aufmerksamkeit in einem feierlichen Ritus auf den Tod eines
diskontinuierlichen Wesens richten.»[15] Mit dem gewaltsamen Tod und der Opferung der Individualität machen sich
die Opfernden die Totalität des Seins, der sie die Geopferten
zuführen, bewußt.

Doch es gibt noch einen Weg, im Leben den Tod der eigenen Individualität zu erfahren: in der Sexualität. Auf ihrem Höhepunkt, im Orgasmus, gibt es kein Verlangen, keinen Instinkt, keine Leidenschaft, keine Liebe mehr, ganz einfach, weil es im Orgasmus keine zwei Personen mehr gibt, nicht einmal mehr eine: Es gibt keine Erfahrung dieses Augenblicks, weil der Orgasmus die Entleerung von aller Erfahrung ist.

Den Tod umkreisend, wird das Individuum, wie das Opfer, ausgelöscht durch die Intensität der Lust, die es durchzuckt, und im Augenblick des Genusses aus der Zeitenfolge hinausgeschleudert, um es einzutauchen in jene geschichtslose Zeit, wo das Subjekt nicht mehr Ich ist, sondern Dialektik der Materie im Spiel der Sexualität.

Auf dem Höhepunkt der Liebe lösen Ich und Du sich auf in einem Spiel des Sehens und Gesehenwerdens. Der Verzicht auf das Selbst und das Bild des eigenen Körpers wird durch das Vertrauen auf den anderen ermöglicht, ohne das die tiefe Angst, der Orgasmus könne zum Selbstverlust und zum Tod führen, nicht zu überwinden wäre. Das Vertrauen garantiert die Rückkehr, verhindert aber nicht, daß in dem Moment, da man den Kopf verliert, um ganz Körper zu werden, insgeheim das Nichts ins Leben eindringt.

Einerseits ertragen wir unsere Zufällig- und Sterblichkeit nur mühsam und wünschen uns zugleich, in diesem zum Verfall bestimmten Körper zu überdauern. Andererseits sehnen wir uns nach der ursprünglichen Totalität, die uns, gerade indem sie uns vernichtet, mit dem Sein in Verbindung bringt. Vor dieser Sehnsucht bewahrt uns das *Verbot*, das jedoch in der *Übertretung* verletzt werden kann, in jenem ambivalenten Spiel zwischen Erhaltung der eigenen Individualität und ihrer Auflösung, das jedem Liebeserlebnis und jedem Tod zugrunde liegt.

Wenn das geliebte Wesen für den, der es liebt, Transparenz der Welt bedeutet, wenn durch das Liebesobjekt hindurch das grenzenlose Sein, das die Grenzen der Individualität bei weitem überschreitet, voll in Erscheinung tritt, so ist doch auch wahr, daß all dies nur möglich ist als Verletzung der Individualität des einen und des anderen, in einem Akt, der metaphorisch Mord und Selbstmord evoziert. Weit entfernt davon, das «Jasagen zum Leben bis in den Tod»[16] zu sein, ist die Liebe Vorwegnahme des Todes im Leben selbst, in dem gefährlichen Spiel an der Grenze, wo Verbot und Übertretung nah beieinanderliegen.

Wie das Töten sind in den primitiven Gesellschaften auch die sexuellen Beziehungen verboten und nach außen verbannt, als hätten primitive Völker von der von Freud erkannten tiefen Verbindung zwischen Liebe und Tod[17] und von dem Verfall geahnt, den ihr zügelloses Ausleben bewirken kann.

In der Tat ist für den einzelnen nicht nur der Tod «ohne Maß», auch die Geburt (als Folge der Sexualität) trägt ein Gefühl des Maßlosen in sich, im plötzlichen Auftreten von etwas Neuem, das, so vorhersehbar es auch sein mag, eine bestehende Ordnung erschüttert. Die Zeugung des Lebens, also Sexualität im weitesten Sinn, spielt im Ablauf des sozialen Lebens eine schwerwiegende Rolle, sie darf daher nicht ohne gesellschaftliche Kontrolle stattfinden. Durch das Verbot sexueller Beziehungen werden diese dem gesamten Komplex gesellschaftlicher Beziehungen unterstellt. Wenn es zur *Natur* des Menschen gehört, daß er nur in Gesellschaft überleben kann, so ist klar, daß alles, was diese Möglichkeit bedroht, als *wider-natürlich* erscheint.

Tabus und Verbote sollen den Menschen schützen, und sie unterscheiden ihn vom Tier, das keine Verbote kennt.

Zugleich verweisen sie auf den *nichtmenschlichen* Bereich der Transgression, den Bereich des Heiligen und des Opfers. Aus diesem Grund betrachteten primitive Völker die Tiere, die keine Verbote kennen, als heilig und opferten sie.

Heilig war das Opfertier allein deshalb, weil es außerhalb des Verbotssystems stand und damit der Gewalt preisgegeben war, die in der Welt des Todes und der ungezügelten Sexualität herrscht. Der Geist der Übertretung ist der Geist des sterbenden Tiergottes, der durch sein Sterben die Macht der Verbote, die Menschen schützen, stärkt und die Umsetzung all jener Begierden verhindert, die von da an als «animalisch» und «wild» gelten werden.

Es besteht eine enge Verbindung zwischen dem Akt des Opferns und dem Liebesakt. Diese Nähe ist auch dem Christentum nicht entgangen, das sich große Mühe gegeben hat zu verschleiern, was beide Akte der Überschreitung ausmacht: das Fleisch. Das Fleisch des Opfertiers und das Fleisch, das im Liebesakt die vom gesellschaftlichen Verbot gesetzten Grenzen transzendiert.

Obwohl die Liebe erst dort beginnt, wo das Animalische aufhört, wird es in der Erotik so gut bewahrt, daß sie unauflöslich mit animalischen Bildern verknüpft bleibt. Aber vielleicht ist die Liebe gerade deswegen heilig. Als transgressives Tun, das sich dem Verbot widersetzt, ist Liebe eine göttliche Angelegenheit, wo der Mensch die verbotene Grenze übertritt, begeht er eine Ausschreitung.

Im Tieropfer wird das Leben ausgelöscht durch die transgressive Gewalt, in der erotischen Transgression erfährt das Leben in der Lust, die blind ist und vergißt, an einer bestimmten Stelle und für eine gewisse Zeit einen Riß. In der Aufhebung der Verbote, die das Leben schützen, evoziert Lust den Tod, und zuckend und stöhnend gibt der

Körper selbst diese tiefe Affinität zu erkennen. Je heftiger die Zuckungen des Fleisches sind, desto bereitwilliger ist das Leben, sich zu ergeben. Umgekehrt steigert dieses Sich-Ergeben die Wollust. Ambivalenz der Begegnung von Liebe und Tod, simulierter Austausch der Symptome, Überschreitung der üblichen Normen des Lebens, aber nur ein simuliertes *Überschreiten*, *Hinausgehen* über das Leben, das innerhalb der Grenzen des Menschlichen bleiben möchte.

Bemerkenswert am sexuellen Verbot ist, daß es sich nur in der Transgression ganz offenbart. Die Erziehung, die nach jeder flüchtigen Entdeckung mit Schweigen und verstohlenen Andeutungen reagiert, enthüllt die dunkle und verbotene Seite der Sexualität. Hier ist die Lust mit Geheimnis verbunden, und es zeigt sich der ambivalente Charakter des Verbots, das Lust erzeugt, sie zugleich verwirft. In der Übertretung wird also deutlich, wie sehr unsere sexuelle Aktivität ans Geheimnis geknüpft ist und gerade als das Gegenteil der menschlichen Würde erscheint, die ja erst und gerade durch die Distanzierung von der animalischen Natur zustande kam und offenbar nur in der Transgression fleischlich werden kann.

Die Transgression aber ist der Raum der vergöttlichten Tiere sowie der Götter und ihrer Stellvertreter. Gemeinsam ist ihnen, daß sie außerhalb des Verbots stehen, das die menschlichen Angelegenheiten regelt. Deshalb «mußten» zunächst Priester, dann die Großgrundbesitzer die jungfräuliche Braut als erste besitzen; Zeichen dafür, daß der erste Kontakt Übertretung des allgemein bestehenden Verbots war und nur Priester und Herrschende, ohne die Bereiche des Heiligen zu gefährden, eingreifen konnten. Die sexuelle *Wiederholung* blieb dann dem Menschen überlassen, der Verboten unterworfen ist, denn wenn Gewöhnung einerseits die Macht hat, das zu vertiefen, was die Ungeduld nicht erkennt, ist sie andererseits immun gegen den Zauber des Verbotenen, der allein die Macht hat, der Liebe das zu verleihen, was sie stärker macht als das Gesetz.

Doch als die Liebe nach und nach in der Ehe institutionalisiert wurde, ritualisierte die antike Gesellschaft parallel dazu die Transgression in der Orgie. Es ist kein Zufall, daß während der Saturnalien die soziale Ordnung umgekehrt wurde, der Herr den Sklaven bediente und der Sklave sich auf dem Bett des Herrn räkelte. Sexuelle Lust und soziale Umkehr gingen miteinander einher, wie um zu bekräftigen, daß in dieser profanen, dem sakralen Charakter der Orgie entgegengesetzten Zeit Verbote und Vorschriften zur Verteidigung der Gesellschaft und ihrer Ordnung entstanden waren.

In der Orgie kommt nicht der *heilbringende* Aspekt der Religion zum Ausdruck, wie wir ihn heute in der ernsten Feierlichkeit und feierlichen Stille des Christentums kennen, das sich mit der profanen Ordnung ausgesöhnt hat. In der Orgie kommt die *unheilschwangere* Seite der Religion zum Ausdruck, wo das Heilige sich noch nicht vom Bösen geschieden, es noch nicht weit von sich in die Hölle verbannt hat, sondern so lange bei sich behält, wie es der menschlichen Natur entspricht. Dann wird es in jenem blinden Absturz in Zerstörung und Verlust zum Ausdruck gebracht, welcher das entscheidende Moment in jeder religiösen Orgie ist.

Im großen Durcheinander der Individuen, die jedes für sich und füreinander verloren in dieser Atmosphäre des Fleisches, der Schlachtopfer und des Todes untertauchen, bekräftigte die ritualisierte Transgression die Notwendigkeit des Verbots, der Grenze, die der Mensch an der

Schwelle des Heiligen, des Göttlichen errichtet hatte. Der Versuch, sich dort hineinzubegeben, die Schwelle zu überschreiten, hieß, in ein wildes Chaos aus Stimmen einzutauchen, in ein Gewirr aus Gewalt, Tanz, wahllosen Begegnungen und Gefühlen, die im gesteigerten Rauschzustand erloschen. Mit der Ritualisierung der Transgression machte die Orgie das Böse erfahrbar, und zwar als Zerstörung, Verlust und Flucht in die Ununterscheidbarkeit, in der nichts mehr entwirrt werden kann.

In der Erkenntnis des Rauschs, der unwissentlich und absichtslos zum Bösen als Wesen der Lust zurückführt, findet die Grundlegung des Rechts statt, das in der sakralen Transgression der primitiven Gesellschaften aufgehoben wurde und in der gegenwärtigen Profanierung des Heiligen wiederkehrt.

Es gibt keine Rückkehr zu den Orgien des Dionysos und auch nicht zu den heiligen Huren, die den Fremden am Tempel erwarteten. Die Tempel sind geschlossen, und es gibt keine Priester mehr, die den Bereich des Heiligen bestimmen; die Transgression hat kein «Außerhalb» mehr, zu dem sie streben könnte, alles ist profan, allenfalls kann die Transgression Gesetze verletzen, aber sie wird keinen Symbolen mehr begegnen. Mit der Rechtsordnung wurde nicht nur das Gute vom Bösen geschieden, sondern jede symbolische Mehrdeutigkeit hinweggefegt. Der Übertretung wurde das Geheimnis geraubt, das sie dem Mysterium des Symbols jedesmal zu entlocken wußte, wenn sie sich verbotenerweise «außerhalb» der Ordnung bewegte.

3.

Liebe und Sexualität

Ich bin verwirrt angesichts dieses andern, den ich sehe und den ich berühre und mit dem ich nichts mehr anfangen kann. Allenfalls habe ich die vage Erinnerung an ein gewisses *Jenseits* dessen bewahrt, was ich sehe und berühre, an ein Jenseits, von dem ich weiß, daß es genau das ist, was ich mir aneignen will. Dann *mache ich mich zu Begierde*.

Jean-Paul Sartre *Das Sein und das Nichts*

Die Sexualität gehört nicht der Geschichte des Ichs an, denn in ihrer Gegenwart erleidet das Ich eine Verschiebung, die das Regime seiner Verhaltensregeln lockert und seine Selbstgewißheit schwächt. Die Handlung wird unterbrochen von etwas Übermächtigem, was die Kontinuität von Aussage und Logik der Rede zerstört und auf Abwege führt, auf denen ihm weder das Ich noch die Vernunft, die es regiert, folgen können. In der Tat bringen Triebe und Wünsche, wenn sie als unkontrollierbare Signifikanten in die etablierte Ordnung der Bedeutungen einbrechen, andere Verbindungen ans Licht, andere Verknüpfungen, andere Handlungsstränge, deren Knoten bis in ein Jenseits reichen, das die andere Seite unserer selbst ist.

Darauf spielt die Etymologie an, wenn sie behauptet, *Sexus* käme von *Nexus*, Verbindung. Um zu verstehen, welche Verbindungen der Sexus schafft, müssen wir unsere Betrachtungen auf den Sexus selbst lenken und von diesem ausgehen, statt von einem Ich, das eine Sexualität hat. In der Tat ist Sexus nichts, worüber das Ich verfügen würde, allenfalls verfügt der Sexus über das Ich. Er verletzt das Ich und führt es in eine Krise, hinaus aus dem Zentrum seiner Ichbezogenheit, aus seinen gewohnten Verbindungen hin zu solchen ganz anderer Art, Form und Qualität.

Hier weicht die Aktion der *Passion*, die nicht Verwirrung, nicht Abweg oder Irrtum ist, sondern ein *Erleiden* wachsenden Sinnverlusts. Das Ich ist nicht mehr Urheber der eigenen Worte, sondern *Sprecher* anderer Bedeutungen, es findet sich in einer Sprache wieder, die nicht die seine ist, in der Kommunikation nicht einem logischen Sinn folgt, sondern rätselhaft wird. Dieses ebenso fremde wie anziehende Wort bringt alle einst vertrauten Stimmen zum Verstummen. Die Verschiebung zeigt das ungewohnte Fremde an. Deshalb sprach Sokrates in bezug auf die Dinge der Liebe von «Besessenheit» (*katokoché*)[18], demselben Ausdruck, mit dem die Mystiker ihr Verhältnis zu Gott beschreiben.

Aber bedeutet die Verschiebung des Ichs von seinem gewohnten Platz nicht, sich gefährlich dem Wahnsinn zu nähern? Wenn wir vor den Worten keine Angst haben, können wir ohne weiteres sagen, daß der Wahnsinn in der Sexualität zu Hause ist. Er zeigt sich nicht als Verweigerung von Sinn, nicht als Abstumpfung gegenüber der Logik von Bedeutungen, sondern als deren Zusammenbruch, als der Verdacht, daß die Kontinuität der Erfahrung unterbrochen werden kann, daß sie jeden Versuch, sie festzulegen und in eine geordnete Reihenfolge zu bringen, flieht. Denn jenseits der bestehenden Ordnung spürt die Sexualität, daß die Totalität flüchtig ist, daß der *Un-Sinn* den *Sinn* unterminiert, daß das Mögliche das Wirkliche in beängstigendem Maße übersteigt und daß jeder Versuch, sie zu begreifen, implodiert und einen unauslotbaren Abgrund erschafft, der Chaos ist, Öffnung, Aufreißen, schwindelerregende Bereitschaft aller Sinne.

Das ist weit mehr als die Verwirrung der Sinne mit all den Figuren und Phantasien, die dazugehören! Deshalb gelingt es dem Imaginären nie, uns restlos zu verführen, und seine Figuren können uns nicht weit forttragen. In der Sexualität ist der Einsatz tatsächlich höher, denn ihr Ziel ist nicht Genuß des Ichs, sondern sein *Sich-Verlieren* in jenen Regionen, wo das Wort jener anderen Welt anvertraut ist, die wir verdrängt haben, als der Aufbau des Ichs Beschränkung und Ordnung verlangte.

Doch die Abgründe der Seele sind nicht leer geblieben. All unsere möglichen, lang unter Verschluß gehaltenen Existenzformen können sich jederzeit wieder hervorwagen, können mit lauter Stimme wenn nicht gerade das Leben, so doch jene Erneuerung des Lebens fordern, der das Ich immer dann nachgibt, wenn es sich seinem Sexus überläßt, also die Verbindung mit der anderen Seite seiner selbst herstellt.

Insofern sie nicht Beziehung zum anderen ist, sondern eine Verbindung mit der anderen Seite unseres Selbst, also ein Nachgeben und Schwinden des Ichs, mit dem ein Teil des ihm innewohnenden Wahnsinns freigesetzt wird, hat Sexualität mit den existentiellen, ontologischen Grenzerfahrungen von Geburt und Tod zu tun. Tod des Ichs durch die Auflösung seiner Grenzen, die Wiedergeburt des Ichs in neuer Zusammensetzung. Dieser Taumel, der zu jedem sexuellen Akt gehört, ist auf die Anwesenheit eines anderen angewiesen, aber nur als Verbindung zur Wirklichkeit, die man verläßt, damit man aus der fremden Welt, der man sich in der Auflösung des Ichs hingibt, zurückkehren kann.

Was wir Genuß nennen, ist in Wirklichkeit Zerstörung des Ichs, damit wir uns jener anderen Seite unseres Selbst öffnen können, das uns auf beängstigende Weise an die Macht von Leben und Tod erinnert. Es ist der Tod dessen, was wir waren und was wir, nach jedem Liebesakt, nicht mehr sind.

Läßt man sich nicht auf diesen Taumel ein, bleibt es ein oberflächliches Spiel ohne Dichte und ohne Tiefe, so trügerisch die Bilder unserer Vorstellungskraft auch sein mögen. Dann hat es kein Erkennen gegeben, nicht einmal Sexualität, weil der erste Nexus, derjenige, der Tod und Wiederauferstehung verknüpft, nicht hergestellt wurde, aus Vorsicht und um die Bleibe des Ichs nicht zu verlieren.

Auch wenn Sexualität also weniger als gewöhnlich angenommen die Beziehung zu einem anderen ist, so ist doch wahr, daß für jede sexuelle Begegnung die Präsenz eines anderen notwendig ist, damit er uns bei dem Verlust unseres Ichs und beim Wiederaufstieg unseres Selbst aus den Tiefen begleitet.

Das Umschlingen des anderen Körpers ist also, noch bevor es Berührung ist, *Zugriff*. Erst durch seine Anwesenheit können wir uns unserem Wahnsinn hingeben und wieder zurückfinden: Indem er der Hingabe unseres Ichs beiwohnt, hilft der andere uns, wie die Hebamme bei einer Entbindung, wiedergeboren zu werden. Doch dies geschieht erst nach der Todeserfahrung, die uns aus unserem beharrlichen Wunsch reißt, unser Ich fortdauern zu sehen.

Das *Opfer*, das primitive Völker darbrachten, um sich dem Heiligen zu nähern, hat vielleicht hier seine fernen Wurzeln. Sie verweisen auf die Totalität des Seins, das sich in der Opferung der Individualität offenbart. Dieselbe Totalität, die, nach Platon, Eros erschließt, der zwischen Mensch und

Göttern steht und die «Kluft» ausfüllt, «so daß das All in sich verbunden ist».[19] Dieser Gedanke, der am Anfang des abendländischen Denkens steht, findet im Orient eine Entsprechung in den Worten des Meisters Tung-hsüan:

> Von all den zehntausend Dingen, die der Himmel geschaffen hat, ist der Mensch das kostbarste. Von allen Dingen, die den Menschen wohl gedeihen lassen, kann nichts der sexuellen Beziehung verglichen werden. Sie ist nach dem Vorbild des Himmels geformt und nimmt sich ein Beispiel an der Erde, sie regelt das Yin und beherrscht das Yang. Wer ihre Wichtigkeit versteht, kann seiner Natur Gutes tun und seine Lebensjahre vermehren. Wer ihre wahre Bedeutung nicht begreift, wird sich selbst schaden und frühzeitig sterben.[20]

Sexualität wird als Quelle des Lebens und das Leben als Abbild der kosmischen Harmonie gedacht. Der sexuelle Akt ist also ein schöpferischer Akt fern aller Verstrickungen in menschliche Angelegenheiten und vielmehr Feier des Himmels, der Erde und der zehntausend Dinge, die in wohlgeordneter Harmonie Himmel und Erde bevölkern.

Aber warum haben wir Menschen des Westens, die wir an die Sterne glauben und an Horoskope, die vom Himmel fallen, vergessen, daß unsere langsamen, flinken oder gewaltsamen Gesten die Sterne in ihrem Gleichgewicht, ihrem Licht und ihrer Umlaufbahn beeinflussen? Das Tun des Menschen erzeugt im Universum Harmonie oder Disharmonie, und von einem schöpferischen Akt kann unsere Sexualität zur Auflösung werden, nicht so sehr unseres Selbst als des Kosmos, dem wir nicht gleichgültig sind. In diesem Sinne fährt Meister Tung-hsüan fort:

Der Himmel dreht sich links herum und die Erde rechts. So folgen die vier Jahreszeiten eine auf die andere, der Mann ruft, und die Frau folgt, oben ist das Tun, und unten ist das Nehmen; das ist die Ordnung aller Dinge. Wenn der Mann sich bewegt und die Frau nicht reagiert oder wenn die Frau erregt ist und der Mann sie nicht befriedigt, wird der sexuelle Akt nicht nur dem Mann, sondern auch der Frau schaden, denn das läuft der festgelegten Beziehung zwischen Yin und Yang zuwider. Wenn sie sich auf solche Weise vereinigen, wird keiner der beiden am Akt Beteiligten davon einen Nutzen haben. Darum müssen der Mann und die Frau sich nach ihrer Orientierung im Kosmos bewegen. Der Mann muß von oben drücken, und die Frau muß von unten empfangen. Sieht ihre Vereinigung so aus, darf man sie Himmel und Erde in vollkommenem Gleichgewicht nennen.[21]

Im Abendland war es zuerst Platon, der uns von Körper und Erde entfernte, um uns über den Himmel (*yper-ouranós*) zu erheben, an den Sitz der Wahrheit. Das Christentum, das Platon grundsätzlich mißverstand und dieses Mißverständnis für die eigenen Ziele nutzte, zerbrach das Mandala, die Vierheit, aus der sich die Harmonie zusammensetzte. Nun sehen sich drei vom vierten, dem Teufel, zusammengetrieben und geschieden. In seiner bildlichen Darstellung begann er die Züge des Pan anzunehmen, der in der ihm geweihten Mittagsstunde mit seinen Bocksfüßen und den stumpfen Hörnern im Wald den Nymphen nachstellte.[22]

Im Abendland, wo Himmel und Erde, Geist und Fleisch voneinander geschieden sind, hielt das Christentum die Fäden der Sexualität in der Hand. Und was wäre, wenn man eines schönen Tages, sei es von seiten derer, die sie zu exorzieren trachten, sei es von seiten derer, die beanspruchen, sie zu befreien, aufhören würde, die Sexualität zu verteufeln, die ja nichts weiter ist als das Fleisch in seiner Einsamkeit? Und wenn man anfinge, diejenigen zu verdammen, die das Fleisch in seine Einsamkeit eingeschlossen haben, indem sie Himmel und Sexualität voneinander schieden, um daraus, wie in Dantes *Göttlicher Komödie*, den ersten Kreis der Hölle zu machen?[23]

Aber auch als das Christentum seinen Niedergang antrat, endete mit ihm die Einsamkeit des Fleisches noch nicht, es wurde vielmehr Schauplatz für die wichtigsten Bekundungen des Unbehagens am Dasein. Es war Freud, der die Sexualität von ihrem kosmologischen Hintergrund löste, von dem das Christentum sie ohnehin schon getrennt hatte, um sie als Spiel des blinden Triebs darzustellen, in dem sich der animalische Urgrund des Menschen bemerkbar macht. Auch wenn in den Sternen das Schicksal geschrieben steht, das nicht nur als kosmische Kraft zu verstehen ist, sondern auch als das, was uns einzigartig macht, also «einsam». Die Liebe verleugnet Sexualität und Erotik nicht, doch sie läßt sie um jenes «Du» kreisen, das ein jeder von uns wenigstens einmal im Leben als sein «Schicksals-Du» erfährt. Dieses «Gefühl der wechselseitigen Bestimmung», wie Marco Trevi es nennt, ist von außen nicht zu begreifen und entzieht sich selbst dem, dem es widerfährt und der sich selbst nicht mehr von dem Gefühl zu unterscheiden weiß, das ihn ausmacht. Trevi schreibt dazu:

In der Liebe fühlen Liebender und Geliebter sich füreinander ‹bestimmt›, das heißt von einer Kraft bewegt, die sie einerseits voneinander trennt und beherrscht und die andererseits das Besondere am einen wie am anderen zum Vorschein bringt. Das ‹Schicksal› ist bekanntermaßen janusköpfig: Auf der einen Seite erscheint es als eine kosmische Kraft, auf der anderen ist es das schlechthin Einzigartige, was uns zuteil wird, ebendas, was uns ‹einzigartig›, unverwechselbar und in einem gewissen Sinn ‹einsam› macht. Man wird sagen: Ein Gefühl garantiert nichts, ein Gefühl kann auch täuschen. So ist es in der Tat. Ein Gefühl hat keine Wirklichkeit außerhalb der Psyche, die es spürt, also keinerlei ontologische Garantie. Es ist ein Ereignis, keine *res*, keine Sache. Es wurzelt in sich selbst. Deshalb kann es vergänglich erscheinen wie ein Nachtfalter oder unsterblich wie ein Gott. Wir wissen nicht, was die Liebe ist. Wir wissen nur, daß der Liebende, der darin wohnt, sich dem Geliebten bestimmt fühlt wie dieser jenem. Aufgrund dieses Gefühls also, das keine Wurzeln außerhalb seiner selbst hat, ereignet sich jenes völlig unerklärliche Wunder, durch das der einzelne, wie Jaspers sagt, ‹zum Einen, absolut Einzigen wird›. [...]

‹Ich› und ‹Du› spüren, daß sie sich aus kosmischen Fernen aufeinander zu bewegen, ja ‹bewegt werden›, aus unvorstellbar fernen mythischen Zeiten. Aus unermeßlichen Räumen und Zeitaltern an einem einzigen, ganz genau bestimmten Punkt zusammengekommen zu sein, das verursacht den Schwindel, der die Pilger des Absoluten erfaßt, egal, ob sie Mystiker oder Liebende sind. Im übrigen haben erstere stets die Sprache der letzteren verwendet. In der Liebe ist tatsächlich jeder für den anderen absolut.[24]

Aber nicht immer hat dieses Absolute Bestand, oft bleibt die Ewigkeit ihm verschlossen, denn statt im «Schicksalspaar» verkörpert es sich meistens in der Abwesenheit eines der beiden. Und Abwesenheit bedeutet hier nicht, daß es jenen Körper nicht gäbe, sondern daß man niemals das Gefühl hat, ihn zu besitzen, auch wenn man ihn umschlingt. Man verliebt sich in die Leere, nicht in die Fülle, denn *Liebe ist Transzendenz*, keine symbiotische Zweierbeziehung. Darum scheint die Sprache der Mystiker, die immer mit dem *Großen Abwesenden* zu tun haben, Anleihen bei der Sprache der Liebenden zu machen.

Wenn der anwesende Körper in seiner Fülle und seiner sexuellen Besonderheit erotisch nicht zu stimulieren vermag, weil er der Erschaffung des anderen keinen Raum läßt, dann bedeutet das, daß Liebe nur dort entsteht, wo Konstruktion, Projektion, Erfindung und Entwurf möglich sind. Tatsächlich lieben wir nicht den anderen, sondern jeder liebt das, was er aus dem Material des anderen geschaffen hat. Wir sind unwiederbringlich in unsere Einsamkeit eingeschlossen, und wenn Transzendenz entsteht, dann ereignet sie sich in dem Raum zwischen der Natur und ihrer Verklärung. Was wir lieben, ist also unsere eigene Schöpfung, ist nicht die Natur selbst, sondern das, was wir, ausgehend von der Natur, zu erschaffen vermögen.

Darum kann Baudrillard sagen: «Die Natur darf nicht das letzte Wort haben.»[25] An der mechanisch-physischen Körperlichkeit gibt es nichts Interessantes außer einem sexuellen Spiel in des Wortes schlichtester Bedeutung. Wieder einmal muß man feststellen: Der Mensch ist nicht mehr als das Tier, nein, er ist *das ganz Andere*. Die Phantasie, jenes geistige, den Tieren fehlende Element, spielt in den Dingen der Liebe eine viel wichtigere Rolle als das Fleisch, das in den Rahmen eines sexuell eindimensional definierten Körpers gezwängt wird, damit die Phantasie, das subversive Potential jeder Ordnung, sogleich an ihre Grenzen stößt. Und wo vermöchten wir wohl innerhalb der Begrenzungen der Phantasie Liebe anzutreffen?

Wenn die Natur aber nicht mehr das Bezugssystem ist, muß sich auch das Schema der Beziehung zwischen Mann und Frau grundsätzlich wandeln. Der Mann, der bislang nur seinen eigenen Körper als unabhängig von den Abläufen der Fortpflanzung erfahren hat, sieht sich heute einem anderen befreiten Körper gegenüber (dem Körper der mit Hilfe biochemischer Mittel von der Fortpflanzung befreiten Frau), und dieser für seine Lebensplanung folgenschwere Schlag zwingt ihn zu einer neuen Selbstwahrnehmung, einer Veränderung im Verhalten, die keine Theorie, kein Krieg, keine Revolution und kein kultureller oder historischer Wandel bisher auf so radikale Weise von ihm verlangt hatten.

Mit der Befreiung von den Fesseln der Natur, die sie von Anbeginn der Welt geknebelt hatten, tritt die Frau in die Geschichte ein, bis dahin eine exklusive Domäne des Mannes, und setzt ihrerseits sexuelle Kräfte frei, welche die Grenzen der geltenden Sittlichkeit verschieben. So zwingt sie die Moral zu allerlei Verrenkungen, um tolerierbar zu machen, was früher verwerflich war, und sie nötigt die Psychotherapien, sich neu zu entwerfen. Denn die Metapher der Sexualität als Fundament dieser Therapien ist nicht mehr haltbar, weder im Sinne des Tabus noch, äußerstenfalls, auf der Lust basierend.

Freilich sind dies noch lange nicht alle Folgen. Als die Frau noch fest an die Natur gebunden war, während der Mann die Freiheit besaß, auf der Bühne der Geschichte zu agieren, war der geschlechtliche Unterschied von der jeweiligen Zugehörigkeit zu diesen beiden Szenarien geprägt. Heute, da die weibliche Emanzipation diese Grenzen überschritten hat, kommt eine andere Wahrheit ans Licht: Die Geschlechter sind weniger unterschiedlich, als man denkt, ja sie neigen sogar dazu, sich zu vermischen, wenn nicht gar anzugleichen, weil keiner von uns «von Natur aus» an ein bestimmtes Geschlecht gebunden ist. Sexuelle Ambivalenz, Aktivität und Passivität, ganz zu schweigen von Bisexualität und Transsexualität, ist als Möglichkeit dem Körper jedes Individuums eingeschrieben, und die Geschlechterdifferenz läßt sich nicht an einem Sexualorgan festmachen.

Seit die (anatomische) Natur als Bezugssystem an Bedeutung verliert, neigt die moderne Gesellschaft, die den Körper der Frau befreit hat, dazu, Natur und Künstlichkeit zu vermengen. Sie vervielfacht die sexuellen Spielarten, indem sie das Geschlecht als primäres Identitätsmerkmal abschafft und es statt dessen als Fülle an Möglichkeiten anbietet.

Und so stellt sich heraus, daß sich niemand jemals da befindet, wo er zu sein glaubt, sondern stets dort, wo die Lust ihn hintreibt. Und da Lust keine Grenzen kennt, gesellt sich nun der virtuelle Sex zum realen Sex, immer häufiger ersetzt er ihn sogar. Denn in der Beschränkung auf die Enge der abgestumpften Körper findet die Lust keine ausreichenden Ausdrucksmöglichkeiten mehr.

Diese Entwicklung war unvermeidlich, nachdem der Glaube an die Natur, die durch die Empfängnisverhütung und künstliche Befruchtung kein zeitgemäßes Bezugssystem mehr darstellt, verlorengegangen war. Doch ohne ein solches gibt es auch keine Grenze mehr und insofern keine Norm, keinen Maßstab, keine Regel und keine Identität, die zu schützen, keine Differenz, die zu erhalten wäre, um sich in diesem Universum aus Zeichen zu orientieren, die die feste Gültigkeit der Natur lesbar machte und die der Triumph des Fortschritts allmählich ausradiert, um die männliche und die weibliche Lust wieder zu freischwebenden, suchenden Kräften zu machen.

Somit weicht die gegensätzliche Dualität der Geschlechter ihrer Ununterscheidbarkeit, und wenn die Orgie, immerhin die Ekstase der Lust, vorüber ist, werden Mann und Frau in die Gleichgültigkeit ihrer Gefühle entlassen, während die Liebe ihren schnellen Niedergang am Himmel der Begriffe erlebt, als wollte man in einer ausgestorbenen Sprache über einen untergegangenen Stern sprechen.

Es ist das Ende der schicksalhaften Geschlechtszugehörigkeit, die in den strengen Regeln der Natur enthalten ist, und die Befreiung aller sexuellen Gegenrollen, die uns als Möglichkeiten eingeschrieben sind. Durch das Verwischen des Geschlechterunterschieds, der bisher eines der Fundamente unserer Kultur war, öffnen sich nun alle erdenklichen Wege, die wir beschreiten und auf denen wir umherirren. Die Lust wird offenbar nur hervorgerufen und zum Strahlen gebracht, um wieder enttäuscht zu werden.

Doch ganz so ist es nicht. In dieser scheinbaren Zerrüttung, dieser Unordnung der Regeln tritt vielleicht eine Wahrheit zutage, die unsere Kultur bis jetzt sorgfältig verborgen hat, um zu vermeiden, daß ihr eigenes Gebäude einstürzt, dessen Grundlagen nur deshalb als solide galten, weil sie als «natürlich» ausgegeben wurden. Im Moment, da die Technik über die Unausweichlichkeit der Naturgesetze gesiegt hat, entdecken wir, daß der seiner bloßen Natürlichkeit überlassene Körper nicht erotisch stimuliert: Er läßt der Schöpfung des anderen keinen Raum. Eros aber kann nur dort sein, wo es Gestaltung und Schöpfung gibt. Wir lieben nur das, was wir aus dem Material des anderen geschaffen haben.

Hier verläuft die Unterscheidung zwischen dem Tier und dem Menschen, der sich im Unterschied zum Tier in dem Raum zwischen Natur und deren Verklärung bewegen muß.

Damit kommt ans Licht, was unsere Kultur schon immer gewußt, aber stets verschwiegen hat: Auch in den Dingen der Liebe liebt der Mensch nur das von ihm Geschaffene, also nicht die Natur, sondern jene zivilisierte Natur, die wir gemeinhin «Kultur» nennen.

4.

Liebe und Perversion

DER VERZWEIFELTE VERSUCH, DIE GRENZEN DES MÖGLICHEN ZU ERWEITERN

Die Perversionen sind weder Bestialitäten noch Entartungen im pathetischen Sinne des Wortes. Es sind Entwicklungen von Keimen, die sämtlich in der indifferenzierten sexuellen Anlage des Kindes enthalten sind, deren Unterdrückung oder Wendung auf höhere, asexuelle Ziele – deren S u b l i m i e r u n g – die Kräfte für eine gute Anzahl unserer Kulturleistungen abzugeben bestimmt ist.

Sigmund Freud *Bruchstück einer Hysterie-Analyse*

Vom Exhibitionismus zum Voyeurismus, Fetischismus und Transvestismus, vom Sadomasochismus bis zur Pädophilie – Perversionen haben nach allgemeinem Empfinden immer eine negative Konnotation besessen, die auf Abweichung, Degeneration und Verirrung hinweist und Widerwillen, Abscheu und Ekel auslöst. Es würde daher unangemessen erscheinen, ihnen in einem Buch über die Liebe Platz einzuräumen, hätte Freud diesen Gemeinplatz nicht mit einer Bemerkung zerstört, die auf den ersten Blick befremden muß: «Die Allgewalt der Liebe zeigt sich vielleicht nirgends stärker als in diesen ihren Verirrungen.»[26]

Freuds Interpretation der Perversion ist bekannt. Im Unterschied zur Neurose entsteht sie nicht aus dem Konflikt zwischen den unbewußten Trieben und den Verboten des Über-Ichs, sondern aus der *Verkennung der Unterschiede,* die schon im Kindesalter stattfindet. In der ödipalen Phase erfährt das Kind, daß es kein adäquates Geschlechtsorgan wie der Vater besitzt, also kein adäquater Partner für die Mutter sein kann. Als Folge dieser Erfahrung erkennt das Kind die *Geschlechterdifferenz* und gleichzeitig die *Generationendifferenz*. Die Perversion hingegen verkennt diese Differenzen, denn sie erzeugt ein chaotisches Universum, wo jeder Trieb sich frei bewegt, ohne daß das eigene Geschlecht Form annehmen könnte.

Ein Beispiel davon gibt uns der Marquis de Sade in seinem Buch *Die 120 Tage von Sodom*, in dem Männer und Frauen, Kinder und Alte, Jungfrauen und Huren, Nonnen und Mätressen, Mütter und Söhne, Väter und Töchter, Brüder und Schwestern, Onkel und Neffen, Adelige und Plebejer sich untereinander vereinigen: «alles ist durcheinander, wälzt sich am Boden, man wechselt, vermischt sich, treibt Blutschande und Ehebruch, man poussiert»[27].

Hier ist jeder Geschlechtsunterschied aufgehoben, jeder Generationenunterschied ausgelöscht, alle Grenzen, die den Mann von der Frau, den Erwachsenen vom Kind, den Bruder von der Schwester trennen, fallen, und man kehrt in jenen *chaotischen Urzustand* zurück, der die Welt der Unterscheidungen zunichte macht.

Der Perverse sucht nämlich nicht, wie man annimmt, die *Transgression*, weil er weiß, daß die Grenze, die er überschreitet, sich hinter seinem Rücken wieder aufbauen wird. Der Perverse weiß, daß Grenze und Grenzüberschreitung ihre Bedeutung einander wechselseitig verleihen, denn ohne die Möglichkeit, sie zu überschreiten, gibt es keine Grenze, so wie es auch keine Überschreitung ohne Grenze gäbe. Die Transgression lehnt sich gegen ebenjene Grenze auf, die sie fesselt. Die Transgression ist die Verherrlichung der Grenze, die der Perverse nicht anerkennt, denn der Raum, den er bewohnen will, ist das *Urchaos* vor allen Differenzen, vor allen Grenzen und Verboten. Darum kann Noirceuil, eine Figur aus *Juliette oder Die Vorteile des Lasters*, sagen:

Ich will mich verheiraten, und zwar zweimal am selben Tag. Um zehn Uhr morgens will ich, als Frau verkleidet, einen Mann heiraten und um zwölf Uhr mittag als Mann einen als Frau verkleideten Lustknaben. Ich will aber noch mehr. Ich will, daß du als Mann verkleidet, gleichzeitig mit mir eine Frau heiratest und später nochmals, daß du eine als Mann verkleidete Frau ehelichst.[28]

Der Perverse strebt nach einem Zustand absoluter *Vermischung*, wo jede Kenntnis einer Gliederung, einer Struktur oder Abgrenzung nichtig und die Welt der Unterscheidungen, von denen jedes Ordnungsprinzip ausgeht, aufgehoben ist.

So jedenfalls sieht es die jüdisch-christliche Tradition, die die Welt aus der Scheidung von Licht und Finsternis hervorgehen läßt[29], und so sieht es auch die griechische Tradition, die in der *Hybris*, in der Anmaßung, im Exzeß, die größte Schuld erblickt. Diese setzt sich nämlich der Gefahr des *Hybriden* aus, wo sich alles unter Auslöschung jeglicher Differenz miteinander vermischt. Vor dieser Bedrohung schützt uns das «Gesetz», das die alten Griechen *nómos* nannten, was wörtlich «das, was zugeteilt ist» bedeutet, so wie auch die Erde aufgeteilt ist, damit jedem sein eigener «Bereich» zuteil werde (auf griechisch ebenfalls *nomós*, doch mit Betonung auf der zweiten Silbe).[30]

Indem er die Differenzen mißachtet, verkennt der Perverse das Gesetz und die Grenze, die sich aus dem Gesetz ergibt. Sein Verlangen ist ausschließlich auf den Exzeß gerichtet. Nicht die sexuelle Befriedigung ist das Ziel seines Begehrens, sondern, wie Freud sagt, der Vollzug seiner *Omnipotenz*, die ihren Ausdruck in der Negation des anderen findet, in der «Degradierung des geliebten Objekts, die den Menschen in einen Gegenstand verwandelt».[31] Daraus entsteht, was Blanchot «die Moral der absoluten Einsamkeit» nennt. Sie ist charakteristisch für den Perversen:

Auf alle Weise hat Sade es wieder und wieder gesagt: zur Welt kommen ließ die Natur uns als Einzelwesen, keinerlei Beziehungen gibt es von Mensch zu Mensch. Einzige Verhaltensregel ist also die, daß ich mich für das entscheide, was ein Glücksgefühl in mir auslöst, ohne mich um die Folgen zu kümmern, die diese Entscheidung für andere nach sich ziehn könnte. Der größte Schmerz der andern ist in jedem Fall weniger wichtig als mein Vergnügen. Was liegt daran, wenn ich den schwächsten Genuß mit einer unerhörten Häufung von Freveln erkaufen muß; der Genuß tut mir wohl, ist in mir – das Ergebnis des Verbrechens jedoch berührt mich nicht, ist außerhalb meiner selbst.[32]

Die moralische Isolation führt zur Aufhebung jener Schranken, die der Respekt vor den anderen uns auferlegt. Er hindert uns an einem, wie Freud es nennt, «omnipotenten» oder, wie Bataille es nennt, «souveränen» Verhalten.[33] Wer sich um die anderen kümmert, ist nicht souverän, denn insgeheim glaubt er, diese zu brauchen. Souverän ist, wer weiß, daß er allein ist, und diese Tatsache akzeptiert. Dabei handelt es sich durchaus nicht um eine schwermütige Einsamkeit. Blanchot schreibt über den souveränen Menschen:

[A]lles in ihm, was sich auf die andern bezieht, Erbschaft von siebzehn Jahrhunderten Feigheit, weist er von sich; Gefühle wie zum Beispiel Mitleid, Dankbarkeit, Liebe zerstört er; durch ihre Zerstörung erlangt er all die Kraft zurück, die er diesen schwächenden Impulsen hat weihen müssen, und er zieht, was noch wichtiger ist, aus dieser Zerstörungsarbeit die erste wahrhafte Energie.[34]

Eine Energie, die sich von Gefühlen für die anderen weder einschränken noch beeinträchtigen läßt. Darum begeht der Perverse das Verbrechen nicht in einem «jähen Anfall von Wahnsinn», wie man gemeinhin glaubt, sondern kaltblütig. Es handelt sich um ein finsteres, heimliches Verbrechen, denn es ist die Tat eines Menschen, der durch die Vernichtung jeder Form von Liebe und Zuneigung in seinem Inneren eine ungeheure Kraft angesammelt hat, die in seinem Zerstörungswerk sichtbar wird.

Tatsächlich lacht der Perverse nur über die Mittelmäßigkeit der Wollust, die die Menschen sich gewöhnlich gestatten. Was er genießt, ist eine Lust, die nicht aus der Sexualität herrührt, sondern aus einer bis an jene Grenze getriebenen Sexualität, hinter der die Begegnung mit dem Tod stattfindet. Hier wird die Unempfindlichkeit des Perversen zum lustvollen Schauder, der sein ganzes Wesen ergreift, denn jetzt beginnt jenes Spiel, das, wie Bataille schreibt, «die Erotik an den Tod bindet»[35].

Freilich stößt die Souveränität des Perversen hier an ihre Grenze, denn die Negation der anderen macht ihn zwar souverän, doch er besitzt nicht die Freiheit, von dieser Souveränität abzuweichen. Im *Zwang der Wiederholung* sowohl des sexuellen als auch des kriminellen Exzesses trifft die *Allmacht* des Perversen auf seine *Ohnmacht*. Der Grund ist, daß er Genuß nur im Exzeß findet, er muß also zwangsläufig in genau dem Feuer verbrennen, das seine Allmacht entzündet hat, denn seine Lust steigt proportional mit der Zerstörung von Leben, und das Leben erreicht für ihn ausgerechnet in der ungeheuerlichsten Negation seines Prinzips den höchsten Grad an Intensität.

Wenn die Perversion die Negation des Lebens ist, so gibt es keine Gesellschaft, die sie auch nur einen Augenblick lang innerhalb ihrer Grenzen tolerieren könnte. Tatsächlich sind die Gesellschaften entstanden, indem sie sich *vom Destruktionsprinzip getrennt* haben, das Freud «Todestrieb» nennt[36]. Der Todestrieb aber ist in jeder Perversion zu finden, und vor Freud hat die Menschheit ihn seit jeher als das «Heilige» gekannt[37].

Das Wort «sakral» stammt aus dem indoeuropäischen Sprachraum und bedeutet «getrennt». Sakralität ist demnach kein spiritueller oder moralischer Zustand, sondern eine Eigenschaft dessen, was in Beziehung oder Kontakt mit Mächten steht, die der Mensch, weil er sie nicht beherrschen kann, als ihm übergeordnet empfindet. Er schreibt sie daher einer Dimension zu, die später als «göttlich» bezeichnet und als «getrennt» und «unterschieden» von der menschlichen Welt gedacht wird. Der Mensch neigt dazu, sich vom Sakralen fernzuhalten, wie man alles von sich weist, was man fürchtet. Gleichzeitig wird er davon angezogen, wie man vom eigenen Ursprung, den man schon lange hinter sich gelassen hat, angezogen sein mag.

Diese ambivalente Beziehung ist das Wesen jeder *Religion*. Ihrem Namen entsprechend, umfaßt sie den Bereich des Heiligen, den sie in sich sammelt (*re-legere*). Auf diese Weise gewährleistet sie eben so die *Unterscheidung* vom als auch die *Berührung* mit dem Heiligen. Beides wird von Riten begleitet, die einerseits die unkontrollierte Ausweitung des Heiligen und andererseits seine Unzugänglichkeit verhindern.

Ein *Fluch* ist das Heilige, wenn es sich in der menschlichen Gemeinschaft ereignet, mit seinen göttlichen Eingriffen, verbotenen sexuellen Praktiken und vielfältigen Formen der Gewalt, die jede Mythologie furcht- und schamlos aufgreift. Zum *Segen* wird es dagegen, wenn es nach außen verlagert wird. Mit dieser Verbannung des Heiligen reißt der Mensch sich von dessen Gewalttätigkeit los, die vergöttlicht und als getrennte Entität, als etwas die Götter Betreffendes jenseits des Menschlichen gesetzt wird.

Verderblich ist die Gewalt des Ununterschiedenen, wenn sie sich inmitten der Menschen entfalten darf, *wohltätig* wird sie dagegen, wenn sie als verbannte Gewalt eine Bindung an die Ordnungsprozeduren erzeugt, die notwendig sind, um die Gefahr einer Rückkehr der Gewalt abzuwenden. Darum ähneln die *Opferrituale*, die in allen Religionen, einschließlich des Christentums, zelebriert werden, so auffällig den *Sanktionen*, die Verbote errichten.

Niemand leugne heute, schrieb Bataille, daß es Antriebe gebe, die Sexualität mit dem Bedürfnis zu verknüpfen, Böses zu tun, «während die Religion immer nur die Tatsache der Verirrung belegt»[38]. Der Mensch mag sie als konstitutiv für seine Natur empfinden. Doch wenn er dem Perversen die Aufgabe zuteilt, diese Abirrung rückhaltlos darzustellen, macht er sich nicht mehr im entferntesten bewußt, daß der Perverse womöglich nur in exzessiver Form das ist, was wir alle sind.

Aufgrund dieses mangelnden Bewußtseins nennen wir uns selbst «zivilisiert» und die anderen «Wilde», halten wir uns für «vernünftig» und die anderen für «gewalttätig». Die

Zivilisation indessen weiß, wieviel Barbarei sie in ihrem Inneren bändigen muß, wie auch die Vernunft weiß, wieviel Neigung zur Gewalt sie Tag für Tag unterdrücken muß.

Verdrängt man diese Einsicht, indem man die wesenseigene Zügellosigkeit nach außen projiziert, kann sie nur explosiv und verheerend wirken. Denn damit verwehren wir unserem Bewußtsein, sich dem zu öffnen, was es zutiefst verachtet, und vor allem verwehren wir ihm zu erkennen, daß es in uns selbst liegt. Es ist der vor-humane Grund, von dem wir uns eines Tages befreit haben, allerdings nicht für immer und vor allem niemals endgültig.[39]

In diesem Sinn muß die Liebe, wenn sie ihrer innersten, ursprünglichsten Wahrheit gewachsen sein will, vielleicht auch den Ekel, die Zügellosigkeit, sogar die Perversion lieben, die, wenn sie, wie Freud sagt, angemessen *sublimiert* wird, «die Kräfte für eine gute Anzahl unserer Kulturleistungen abzugeben bestimmt ist»[40].

Die Künstler und Dichter, die sich für ihre schöpferischen Prozesse das ursprüngliche Chaos zunutze machen, in dem es keine Regeln, kein Gesetz, keine Anerkennung von Differenzen gibt, bezeugen dies. Ihre Werke verdanken sich einer symbolischen Wiederherstellung jenes Ununterschiedenen, das der Schöpfung vorausging und dem man sich vielleicht wieder annähern muß, damit eine neue Art von Wirklichkeit entsteht, eine andere als die existierende, die uns nicht mehr bezaubern kann und keine Liebe weckt.

5.

Liebe und Einsamkeit

DIE MASTURBATION UND DAS ENTTÄUSCHTE BEGEHREN

In der Einsamkeit wächst das innere Vieh.

Friedrich Nietzsche *Also sprach Zarathustra*

Es ist eine Ironie der Geschichte, daß ausgerechnet die verteufelte, sublimierte und verherrlichte Masturbation den ehrwürdigen Ruf der Aufklärung, die zu Recht als Epoche der Vernunft gilt, in der man dem Dunkel der vorhergehenden Jahrhunderte mit ihren religiösen und abergläubischen Vorurteilen endlich den Rücken kehrte, empfindlich beeinträchtigte. Denn just in dieser Epoche wurde die Masturbation verdammt, als des Menschen unwürdig geächtet und für ebenso verwerflich wie der Selbstmord befunden, und das alles mit einer zunehmend wütenden Intoleranz, für die sich in der Geschichte kein Vergleich findet. Das Ganze war das Werk zweier Mägde: der medizinischen Wissenschaft und der Ökonomie, die immer bereit sind, den Schwächen der Moral mit soliden Argumenten zu Hilfe zu eilen.

Weder die biblische Welt noch die der Griechen haben der Masturbation große Aufmerksamkeit geschenkt und darauf verzichtet, sie in den Erziehungsregeln ihrer jeweiligen Ethik zu verurteilen. Daß die Masturbation auch «Onanie» genannt wird, nach dem biblischen Onan, der sich weigerte, im Namen seines Bruders zu zeugen, und darum den *Coitus interruptus* praktizierte, bedeutet im übrigen nur, daß die Bezeichnung in diesem Fall falsch ist. Ebenso verkehrt ist es, die Masturbation auf Onan zu beziehen, den Gott nicht deshalb sterben ließ, weil er seinen Samen auf die Erde fallen ließ, sondern weil er damit das levitische Gesetz der Schwagerehe mißachtete.[41]

In der griechischen Welt sprechen Hippokrates und Galenus, die beiden großen Ärzte der Antike, über die Masturbation im Rahmen einer allgemeinen Theorie der Körpersäfte, welche je nach den Umständen mal abzuführen, mal zurückzuhalten sind. In diesem Zusammenhang kommt der Samenflüssigkeit kein anderer Rang zu als der Gallenflüssigkeit.[42]

Die griechische Mythologie hat der Masturbation sogar göttliche Ehren zuteil werden lassen, indem sie Pan zu ihrem Schutzgott machte.[43] Hierauf berufen sich auch die Stoiker, die zwar für ihre Abkehr von den Leidenschaften bekannt sind, aber nicht zögern, Masturbation als Ausdruck der Selbstgenügsamkeit und Unabhängigkeit von anderen Menschen zu preisen. Bei Thomas von Aquin schließlich begnügt sich die mittelalterliche Theologie damit, die Masturbation als ein Zeichen von Verweichlichung (*mollities*) zu verurteilen, mit der inzestuöse oder ehebrecherische Phantasien einhergingen.[44]

Erst im 18. Jahrhundert, als die moderne medizinische Wissenschaft entstand, schreibt der Schweizer Arzt Simon-André-David Tissot zwei Traktate über die von der Masturbation hervorgerufenen Krankheiten[45], welche er in dieser Reihenfolge aufzählte: Sehstörungen, Augenringe, Furunkel, Freßsucht, Verdauungsstörungen, Zittern der Knie, Liderzucken, Kopfschmerzen, Geschlechtskrankheiten (wer weiß, warum), Haarausfall, Schwindsucht, Rückenmarkschwund und dergleichen mehr.

Unter den begeisterten Anhängern Tissots sind Rousseau[46] und Kant[47], für die der Masturbierende dem «Selbstmörder» vergleichbar ist – zerstört dieser sein Leben auf einen Schlag, opfert jener es im Lauf der Zeit. Ein Zeitgenosse Tissots war Johann Georg Zimmermann, der Leibarzt Friedrichs II., der in einer Schrift mit dem Titel *Warnung an die Ältern, Erzieher und Kinderfreunde wegen der Selbstbefleckung*[48] darauf hinweist, die weibliche Masturbation sei «schlimmer als die männliche», weil sie weniger offensichtlich sei, obwohl auch sie sehr früh, nämlich schon in frühester Kindheit, einsetze. Dieser Text scheint Freud entgangen zu sein, der ein Jahrhundert später überzeugt war, die kindliche Sexualität als erster entdeckt zu haben.

Von der Medizin belehrt, erarbeitet daraufhin eine ganze Schar Pädagogen von Christian Gotthilf Salzmann[49] bis zu Johann Heinrich Campe[50] eine Reihe von Vorschlägen und Vorrichtungen, um das Laster der Masturbation zu bändigen: Schnüre, die die Hände fesseln; Betten, in denen der Oberkörper mittels elastischer Wände vom Unterkörper abgetrennt wurde; Schließvorrichtungen für die Vorhaut und andere Werkzeuge, die heute zum Repertoire sadistischer Praktiken gehören. Es folgen Ratschläge für die Einrichtung von Internaten und für die Kleidung der Internatsschüler: Die Kittel sollten nicht zu lang, die Tische nicht zu groß, die Betten nicht zu weich, die Zimmer nicht zu dunkel und die Räume nicht zu eng und abgelegen sein, denn «der Anfang jeden Lasters ist das Alleinsein».

Somit wird auch die Einsamkeit als Vorstufe jenes Lasters kriminalisiert, welches das «einsame» genannt wird. Und dies alles in einer Zeit, in der das Haus seine Bedeutung als *gemeinschaftlicher Lebensraum* verliert, weil sich mit dem aufkommenden Bürgertum die Intimität der *Kleinfamilie* durchsetzt. Innerhalb dieses privaten Rahmens entfaltet sich nun die gesamte Dynamik der erotischen Triebkräfte mit ihren Erscheinungsformen der Masturbation und des Inzests.

Ein Jahrhundert später erklärt Freud, daß der Inzest und seine Überwindung (Ödipuskomplex) die Keimzelle der psychischen Entwicklung bilden. Freud dachte offenbar nur an die psychische Keimzelle des *bürgerlichen Subjekts*, dem in der Intimität der Kleinfamilie gar keine andere Möglichkeit bleibt, als sein Begehren auf sich selbst oder auf die Mutter zu richten. Wer weiß, ob die Psychoanalyse nicht doch nur die Analyse jener Gesellschaftsklasse ist, die sich während des 18. Jahrhunderts in Europa durchsetzt und auf den Namen «Bourgeoisie» getauft wird.

Doch neben der medizinischen Wissenschaft und der Intimität des bürgerlichen Heims, das nicht mehr Gemeinschaftsraum, sondern Keimzelle ist, entsteht im 18. Jahrhundert auch die *Ökonomie* im modernen Wortsinn. Und nach ökonomischen Maßstäben ist Masturbation immer Verschwendung. Nicht zufällig schreibt der Arzt Paul Demeaux, ein Fachmann für Onanie und Tuberkulose: «Seinen Samen verschwenden – das ist, als ob man Geld zum Fenster hinauswürfe.»[51] Und daß die Ökonomie die Verwissenschaftlichung der Verzichtsmoral ist, entgeht auch Karl Marx nicht. Er schreibt:

[Die Nationalökonomie] ist die allermoralischste Wissenschaft. Die Selbstentsagung, die Entsagung des Lebens, aller menschlichen Bedürfnisse, ist ihr Hauptlehrsatz. Je weniger du ißt, trinkst, Bücher kaufst, in das Theater, auf den Ball, zum Wirtshaus gehst, denkst, liebst, theoretisierst, singst, malst, fechtest etc., um so [mehr] *sparst* du, um so *größer* wird dein Schatz, den weder Motten noch Raub fressen, dein *Kapital*.[52]

Und so entlarvt sich das Zeitalter der Aufklärung, das für Kant den «Ausgang des Menschen aus seiner selbst verschuldeten Unmündigkeit»[53] kennzeichnet, und zeigt sich angesichts der Masturbation sogar weitaus rückständiger, zwanghafter und autoritärer als frühere Jahrhunderte, in denen die Religion das Sagen hatte. Diese dürfte mit dem Fleisch und den Leiden seiner Einsamkeit vertrauter sein als die Vernunft.

In seiner *Geschichte der Sexualität*, genauer im ersten Band mit dem Titel *Der Wille zum Wissen*[54], betont Foucault, daß die Tabuisierung der Masturbation diese, statt sie im stillen geschehen zu lassen, in den Mittelpunkt der Aufmerksamkeit rückt. So wird ein Geheimnis geschaffen, das zum einen unbedingt entschlüsselt werden soll und um das zugleich viel zuviel Aufhebens gemacht wird. Das «Laster der Jugend» gilt es nämlich weniger zu bekämpfen, als sich zunutze zu machen, um die Sexualität insgesamt in die «Ordnung der Dinge» einzufügen. Als «Sperrvorrichtung» wirkt es daher nur sehr oberflächlich.

Tatsächlich, fährt Foucault fort, wird der Diskurs gegen die Masturbation hauptsächlich von dem entschiedenen Willen bestimmt, darüber zu reden, egal, wer sich mit ihr beschäftigt oder veranlaßt wird, es zu tun. Die Schuld arbeitet dem Schuldbekenntnis sozusagen in die Hände. Häufig gibt es ein nur allzu deutliches, stillschweigendes Übereinkommen zwischen Verfolgern und Verfolgten. Die Frage, ob die Verfolger das Übel, das sie zu bekämpfen vorgeben, nicht insgeheim fortbestehen sehen möchten, ist durchaus nicht so abwegig, wie es aufgrund der expliziten Beteuerungen scheint. Von der Moral darf man alles verlangen, nur keine Eindeutigkeit.

Verabschieden wir uns also von der Wissenschaft und der Moral, um uns in den Mäandern des Begehrens zu verlieren und dort zu verweilen. Vielleicht dürfen wir dann entdecken, daß die Begierde keine Erschütterung der Subjektivität ist, etwas, was den Gang des Lebens unterbricht und es ganz auf ein körperliches Geschehen konzentriert, das sich vor der Welt verschließt, um aus dem Körper ein Versteck des Lebens zu machen. Die Begierde ist die Anziehungskraft des anderen, der sich entzieht, sich verweigert, sich für einen Augenblick hingibt und wieder zurückzieht und der auf diese Weise die Unversehrtheit eines Körpers bewahrt, auf dem die Inbesitznahme scheinbar keine Spuren hinterlassen hat.

Der Mensch, sagt die Wissenschaft, hat sexuelle Begierden, weil er Geschlechtsorgane hat. In Wirklichkeit ist es genau umgekehrt, wie Sartre erklärt:

> Nie können übrigens das Anschwellen des Penis oder ein anderes physiologisches Phänomen die sexuelle Begierde erklären oder hervorrufen – ebensowenig wie die Gefäßverengung oder die Pupillenerweiterung […] die Furcht erklären oder hervorrufen können.[55]

Sexualität ist nicht Fleischlichkeit, sie ist Begehren. Das, wonach sie strebt, ist nicht die Ejakulation, sondern die Begegnung mit dem anderen. Denn nur wenn ich den anderen begehre oder mich selbst als Objekt des Begehrens anderer empfinde, entdecke ich mich als sexuelles Wesen.

Die Grenze der Masturbation liegt in der Art und Weise, wie das eigene Begehren als Sich-Öffnen oder Verschließen gegenüber dem anderen gelebt wird. Bei der Masturbation kann das Begehren, da es auf keinen anderen gerichtet ist, nicht zum Mittel der Transzendenz werden, sondern es bleibt Objekt der eigenen Immanenz. Um diese geht es in dem kurzen Zeitraum zwischen der Erregung und der Befriedigung, die sie auslöscht. Wenn das Begehren selbst zum begehrten Objekt wird, erregt man es, hält es unter Spannung, schiebt seine Befriedigung auf, bis die Tat erfolgt, durch die es erlischt, wie ein Windhauch ein Feuer auslöscht, das keinen Raum fand, um sich auszubreiten.

Bei der Masturbation ist es die Unfähigkeit des Begehrens zur Transzendenz, was die medizinische Wissenschaft und die gängige Moral meinen, wenn sie die Begierde als einen «Instinkt» definieren, dessen Ursprung und dessen Ziel rein physiologisch sind. In Wirklichkeit impliziert Begehren nicht notwendig einen Geschlechtsakt, denn wie Sartre sagt: «Schlechthin ist die Begierde nicht Begierde, etwas zu *tun*.»[56] Sie richtet sich auf ein transzendentes Objekt, das uns gestattet, die Klausur unseres Selbst zu verlassen.

Man könnte einwenden, daß das Begehren sich nicht auf ein Objekt richtet, sondern auf einen Körper, den man besitzen will, denn er ist es, der durch die Kleidung hindurch scheint und unsere Begierde weckt. Das stimmt, ist aber nur insoweit richtig, als der sichtbar werdende Körper vor dem Hintergrund einer konkreten Situation erscheint, in der die Verführung und die Verwirrung der Gefühle angedeutet werden.

Also ist der Körper nicht deshalb *pro-vozierend*, weil er seine Nacktheit bemerkbar macht, sondern weil er diese Situation ins Spiel bringt, weil er sich in gewissem Sinne gerade nicht als Summe körperlicher Elemente darstellt, die physiologische Erregungszustände hervorzurufen vermögen, sondern sich als Haltung darbietet, die von der Spannung einer beginnenden Liebe spricht. Begehrenswert ist der Körper also nicht wegen seines unmittelbar präsenten Fleisches, begehrenswert macht ihn, daß sich in seinem Fleisch ein Leben und ein Angebot, an diesem Leben teilzunehmen, kundtun. In der Tat genügt es, daß das Fleisch diesen Hintergrund leugnet, sich verweigert und in Unbeweglichkeit erstarrt, um das Begehren sofort zum Erlöschen zu bringen, da es sich nun nicht mehr transzendieren kann.

Darum sagen wir, daß das Begehren eine Passion ist. Doch wir fügen hinzu, daß *Passion* bedeutet, *den anderen passiv zu erleiden*, unter der Angst zu leiden, daß meine Möglichkeit, mich zu transzendieren, vom freien Willen des anderen abhängt. Darum geht die Leidenschaft mit der *Verwirrung* einher, die nicht von der «Unordnung der Leidenschaften» hervorgerufen wird, sondern von der unbestimmten Ahnung, daß der andere über mich verfügen kann, daß er das natürliche Bedürfnis meines Körpers, sich im anderen zu transzendieren, sowohl befriedigen als auch ablehnen kann.

Dies ist auch der Grund dafür, daß derjenige, der vom Begehren ergriffen wurde, seinen Körper erlebt, als wäre dessen Existenz nur ein Zugeständnis. Der Begehrende lebt in einer Welt, in der die Dinge die ihnen innewohnende Bedeutung verlieren, um sämtlich zu unmerklichen Zeichen für die Präsenz des anderen zu werden. Der andere unterbricht den direkten Zugang meines Körpers zur Welt, um mir einen nur mittelbaren und durch seine Unabhängigkeit fortwährend bedrohten Zugang zu gewähren. Baudrillard spricht vom «gewaltsamen Aderlaß der Subjektivität». Es ist die unvermutete Entdeckung, daß «das einzige Begehren [darin besteht], das Schicksal des anderen sein zu wollen»[57].

Gesteuert von meinem Wunsch, mich zu transzendieren, gerate ich nach und nach in jenen Zustand *passiven* Einvernehmens mit dem Begehren des anderen. Das erst ist die Leidenschaft, deren Blindheit darin besteht, daß sie nicht mehr zu unterscheiden vermag, ob der andere sich in meinem Körper transzendieren oder ihn schlicht und einfach benutzen möchte. Solche Täuschungen der Liebe sind möglich, weil mein Körper sich nicht von seinem Begehren trennen läßt, weil er sich nicht davon distanzieren kann, wie das Denken es mit seinen Gegenständen tut. Denn es gäbe kein Begehren, wenn der Körper ihm nicht sein ganzes Fleisch zur Verfügung stellte.

Indem der Körper das Begehren lebt, sich ihm ausliefert, sein Komplize wird, bis er sich ganz davon ergreifen, durchdringen und lähmen läßt, wird er von jener Passion überwältigt, die nicht nur darauf wartet, den Körper des anderen zu erblicken, sondern auch und vor allem darauf, sich selbst als vom anderen begehrter Körper zu offenbaren. Im begehrlichen Blick des anderen Menschen liegt nämlich für meinen Körper die Möglichkeit verborgen, sich zu transzendieren. Durch dieses Begehren wird der Körper Fleisch, doch nicht mit der Kälte roher Inbesitznahme, sondern mit dem Zögern desjenigen, der seine Identität bedroht sieht.

Wenn Selbsttranszendenz bedeutet, aus der eigenen Einsamkeit herauszutreten, kann ich nicht wissen, was ich im Fleisch des anderen sein werde. Gewiß ist jedoch, daß ich nicht mehr sein werde, was ich bin. Meine bedrohte Identität läßt meinen Körper zögerlich, ungeschickt, unsicher werden, nicht aus Unerfahrenheit, sondern weil es mich schwindeln macht, daß der andere Seiten an mir entdecken wird, die nur er mir enthüllen kann. In meinem Zögern drückt sich das Drama jeder Transzendenz aus: nur dank des anderen etwas über sich zu erfahren.

Wer dieses Risiko nicht eingehen will, erfährt die Liebe nicht als eine *neue Weise des Seins*, sondern als die Wiederholung einer *alten Weise des Habens*. Dem Körper, der entschlossen ist, sich nicht zu transzendieren und die eigene Identität in der Begegnung mit dem anderen nicht aufs Spiel zu setzen, entgeht die Erfahrung jener *Passion*, die das *passive Erleiden des anderen* ist. Denn seine Ausdrucksform ist die *Aktion*, die lediglich das Fleisch des anderen in Besitz nehmen will. Während es in der Leidenschaft nicht möglich war, das Fleisch wahrzunehmen, weil ein in der Situation handelnder Körper es verbarg, erscheint das Fleisch des anderen durch die Aktion in seiner ganzen *Ob-szönität*. Denn die *Szene*[58] der Liebe wurde zerstört. Baudrillard erklärt, was das bedeutet:

> Das Obszöne ist das Ende jeder Szene. [...] Wenn alle Rätsel gelöst sind, erlöschen die Sterne. Wenn das ganze Geheimnis durchschaubar, mehr als durchschaubar wird und eine obszöne Evidenz bekommt, wenn die ganze Illusion transparent wird, dann wird der Himmel für die Erde gleichgültig. [...] Dabei handelt es sich nicht mehr um eine heilige Prostitution, sondern um eine Art von gespenstischer Geilheit.[59]

Wer durch Obszönität die Szene zerstört, löst den Körper des anderen aus der Situation, die er ausdrücken wollte, aus den Möglichkeiten, die ihn umgaben, und reduziert ihn schließlich auf die passive Trägheit des Fleisches. Statt sich in der Begegnung mit dem anderen transzendiert zu erleben, findet er in ihr die Bestätigung seiner eigenen Unfähigkeit zur Transzendenz; er läßt ihn von seinem Fleisch kosten, damit auch der andere sich lediglich als Fleisch fühlt; unaufhörlich wiederholt er das leere Muster des Begehrens, das sich nicht im Fleisch des anderen transzendiert, sondern im transzendierten Fleisch des anderen seine eigene Einsamkeit erfährt. Der Körper überschreitet sich nicht auf seine Möglichkeiten hin, sondern beschränkt sich darauf, jene Welt zu zerstören, worin der Körper des anderen sich handelnd in Situationen bewegt, damit er diesen Körper in der Welt seines eigenen Begehrens ertränken kann.

Doch das Begehren trägt seine Niederlage in sich, wenn es nur um seiner selbst willen gewollt wird. Da es die Passion für den anderen verwirft, um bloße Aktion am Fleisch des anderen zu werden, wird es dem Begehren, das nur sich selbst begehrt, niemals gelingen, mit einem Körper in Kontakt zu treten. Es wird sich immer und ausschließlich vor einem Fleisch finden, das es als sein eigenes verkörpertes Begehren mit jener Lust auslöscht, die Ziel des Begehrens und gleichzeitig seine unrettbare Niederlage ist.

Es handelt sich um *ungeteilte* Lust, ebenda sie nicht *geteilt* wird; nach ihrer Erfüllung hinterläßt sie auf der Haut und den Lippen nicht den Geschmack des anderen, sondern nur den des Endes. Es ist ein Spiel mit dem Tod und kein Liebesspiel; ein einsames Spiel, in dem der Raum für die *Konversion* des anderen von der eigenen *Per-version* zunichte gemacht wurde.

Pervers ist jede Liebe, die ohne Gegenseitigkeit, also ohne die Möglichkeit des Körpers, sich in einem anderen Körper zu transzendieren, gelebt wird. Hervorgerufen und dementiert wird eine solche Liebe von jener «unnützen Leidenschaft», die ein Bewußtsein dazu treibt, sich absolut zu setzen, bis es nichts mehr begehrt als das eigene Begehren.

Weil eine solche Liebe beabsichtigt, den anderen zu versklaven, ihn zum Objekt der eigenen Begierden zu machen, wird sie zur Karikatur ihrer eigenen Kastration und offenbart den Todestrieb in aller Deutlichkeit.

Wir wollen hier nicht noch einmal Sartre mit seiner beeindruckenden Schilderung der Perversionen bemühen[60], sondern nur darauf hinweisen, daß alle Perversionen, in dem Maße, in dem sie dem anderen seine Subjektivität entziehen, um ihn auf die Abgestumpftheit seines Fleisches zu reduzieren, mit dem Tod spielen, mit dem die Subjektivität erlischt und der Körper in der Unbeweglichkeit des Fleisches erstarrt.

Wir sind bei der Pornographie angelangt, von der die Masturbation sich nährt. Erschreckend in ihrer Fixierung auf Details, durch allzu präzise Zeichen bar jeden Geheimnisses, beraubt die Pornographie den Körper seines Verweisungscharakters, um ihn der reinen Lüsternheit des Blicks auszusetzen. Die absolute Nähe, die totale Gegenwärtigkeit eines wehrlosen Körpers, der sich nirgendwohin zurückziehen kann, besiegelt das Ende der Innerlichkeit und der Intimität, den Zusammenbruch aller Metaphern und aller Anspielungen, die, sobald sie sich materialisieren, in der stumpfen Opazität der Wirklichkeit untergehen.

Wie ein absorbierender Filter bringt die Wirklichkeit in ihrer Offensichtlichkeit das Begehren zum Erlöschen. Sie verweigert ihm das Spiel zu zweit und treibt es zurück in die ekstatischen, einsamen, narzißtischen Spiele, in denen das Objekt nicht mehr der andere ist, sondern das auf sich selbst zurückgeworfene Begehren, das sich auf dem traurigen Weg der Enttäuschung befindet.

6.

Liebe und Geld

Die Verirrungen der Liebe als Spiegel der Gesellschaft

> So ist die Prostitution von allen Verhältnissen der Menschen
> untereinander vielleicht der prägnanteste Fall einer gegenseiti-
> gen Herabdrückung zum bloßen Mittel; und dies mag das
> stärkste und tiefste Moment sein, das sie in so enge historische
> Verbindung mit der Geldwirtschaft, der Wirtschaft mit «Mit-
> teln» im striktesten Sinne, setzt.
>
> Georg Simmel *Philosophie des Geldes*

Wenn man die Prostitution das «älteste Gewerbe der
Welt» nennt, müßte man hinzufügen, daß sie folglich in unserer Kultur ein vorsintflutliches Überbleibsel darstellt, ein
Symptom aus vergangenen Zeiten, das sehr gut hätte überwunden werden können. So ist es mitnichten! Das Thema
kommt immer dann auf den Tisch, wenn dargelegt werden
soll, daß das Problem unlösbar sei, man es also höchstens
entschärfen könne, indem man es als Phänomen der «Priva-
tisierung», das der einstigen staatlichen Kontrolle nicht
mehr zugänglich sei, oder als medizinische Frage begreift,
da die Verbreitung von Aids sich nicht zuletzt der Prostitution verdanke.

Hier mag einer der Gründe dafür liegen, daß 72 Prozent
der Italienerinnen die Wiedereinführung von Bordellen fordern, womit sie implizit zugeben, daß «ihre» Männer unweigerlich immer Prostituierte aufsuchen werden und daß

ihre einzige Sorge darin besteht, die Ehemänner oder Verlobten könnten schlimme Krankheiten ins Haus schleppen.

Gewiß, angesichts des scheinbar Unausweichlichen können lediglich Gegenmittel gesucht und Schadensbegrenzung betrieben werden. Warum aber ist die Prostitution unvermeidlich? Da es außer dem Sterben nichts Unausweichliches mehr für uns gibt, könnten wir dann nicht auch beginnen, die Prostitution als ein bloßes *Symptom* der sexuellen Verhaltensnormen anzusehen, die unsere Gesellschaft charakterisieren? Ich sage bewußt «unsere», denn in früheren Epochen wurden Frauen ganz selbstverständlich von Männern verkauft und gekauft. Lévi-Strauss erinnert daran, daß Frauen überall auf der Welt als gängiges Zahlungsmittel galten, vor allem in Ländern, in denen es keine Geldwirtschaft gab.[61]

Und hier können wir mit einer ersten Überlegung einsetzen: Da die Prostitution ein Austausch von *Sex* gegen *Geld* ist, warum betrachten wir die Dinge dann nicht vom Gesichtspunkt des Geldes aus statt von dem des Sexes? Wenn in Italien, wie die Statistiken behaupten, tatsächlich die Hälfte der 50 000 Personen, die sich prostituieren, aus den Ländern Osteuropas und aus Afrika kommt, 20 000 aus Südamerika und nur 5 000 aus Italien, liegt der Gedanke nahe, daß die Prostitution in den höher entwickelten Ländern, wo sexuelle Beziehungen freizügiger gelebt werden, ausstürbe, wäre sie nicht vom Hunger in der Welt gespeist. Dieser ist nämlich ein weitaus stärkerer Motor als der Wunsch nach gelegentlichen sexuellen Begegnungen. Und auch dort, wo es nicht der Hunger ist, sondern der Wunsch nach einer raschen Verbesserung der eigenen wirtschaftlichen Lage, wie es bei den Italienerinnen, die sich prostituieren, der Fall zu sein scheint, treffen wir nicht auf den Sex, sondern wiederum auf das Geld als Ursache für die Prostitution.

Wenn wir die Beziehung zwischen Sex und Geld nun genauer betrachten, sollten wir uns klarmachen, daß unser Unterbewußtsein, das sehr viel träger ist als unser bewußtes Ich, einer langen kulturellen und religiösen Tradition verhaftet geblieben ist und trotz unserer kulturellen Entwicklung und der Befreiung von rigiden Moralvorstellungen nicht aufgehört hat, Sex als *schmutzig* und Geld als *vulgär* anzusehen. Ein perfekter Einklang zwischen zwei Elementen, die sich bei der käuflichen Liebe verbinden können. Die Prostitution erscheint demnach als ein Symptom unserer unbewußten Rückständigkeit, denn sie offenbart eine verborgene und noch immer unterentwickelte Auffassung der Sexualität als Trieb, der vorübergehend und losgelöst von allen Szenarien des Gefühls auftritt. Simmel schreibt zu dieser Auffassung von Sexualität:

Der momentan aufgegipfelten und ebenso momentan verlöschenden Begierde, der die Prostitution dient, ist allein das Geldäquivalent angemessen, das zu nichts verbindet und prinzipiell in jedem Augenblick zur Hand ist und in jedem Augenblick willkommen ist [...]. Für den käuflichen Genuß, der jede über den Augenblick und über den ausschließlich sinnlichen Trieb hinausgehende Beziehung ablehnt, leistet das Geld, das sich mit seiner Hingabe absolut von der Persönlichkeit löst und jede weitere Konsequenz am gründlichsten abschneidet, den sachlich und symbolisch vollkommensten Dienst – indem man mit Geld bezahlt hat, ist man mit jeder Sache am gründlichsten fertig, so gründlich, wie mit der Prostituierten nach erlangter Befriedigung.[62]

Im Angesicht des *Geldes* wird alles zur *Ware*, und das Kantische Ideal, nach dem jeder «sich selbst und alle anderen *niemals bloß als Mittel*, sondern jederzeit *zugleich als Zweck an sich selbst* behandeln solle»[63], wird in der Prostitution, vielleicht auch in der Zweckheirat, in gröbster Weise verletzt.

Die unpersönliche, äußerliche und objektive Natur des Geldes und sein absolut neutraler Wert bedeuten, daß ein Mann, der eine Frau bezahlt, ihre Individualität mißachtet, ihr jede Besonderheit abspricht, ihr keine Persönlichkeit und Innerlichkeit zuerkennt, kurz, sie statt als «Individuum» als «Gattung» behandelt. Dies entspricht der männlichen Neigung, von Frauen im Plural zu sprechen, statt sie individuell zu beurteilen, und damit zu verstehen zu geben, daß Männer beim Dienstmädchen genau das gleiche interessiert wie bei der Prinzessin.

Aus männlicher Sichtweise verblaßt die einzelne Frau also weit mehr in der unterschiedslosen Allgemeinheit ihrer Gattung als der Mann, der sich im Vergleich zur Frau als weitaus individueller und einzigartig wahrnimmt. Aufgrund dieser vermeintlich stärkeren Differenziertheit kann der Mann in der sexuellen Beziehung nur «einen Teil seiner selbst» geben, während die Frau, als weniger differenziert eingeschätzt, sich zwangsläufig ganz offenbaren muß. Das erklärt, warum man einer Frau, die sich hingegeben hat, fortan die «Ehre» verweigert, während das beim Mann nicht geschieht: Er ist überzeugt, sexuelle Beziehungen haben zu können, ohne seine ganze Persönlichkeit einbeziehen zu müssen, sondern nur einen Teil seiner intimen, geheimen Wünsche.

Was intim ist, stellt man selbstverständlich nicht öffentlich zur Schau. Normalerweise verbirgt man es und hält es geheim. So will es unsere Gesellschaft mit ihrer fest etablierten Unterscheidung, ja sogar Trennung zwischen «öffentlich» und «privat». Bei all ihren Vorteilen ist sie, das dürfen wir vor uns nicht verhehlen, nicht nur ein ausgezeichneter Boden für Heuchelei, sondern verlangt auch allen die nicht unbeträchtliche Anstrengung ab, eine Art Janusköpfigkeit zu leben. Sie zwingt uns, unsere Intimität vor der Öffentlichkeit zu verbergen und in der Privatsphäre unser öffentliches Rollenverhalten abzulegen.

Bei der Prostitution wird das Gesetz der Trennung zwischen öffentlich und privat insofern gebrochen, als eine «öffentliche» Frau mit «privaten» Bedürfnissen Handel treibt. Dieses in den entwickelten Gesellschaften unumgängliche, gleichwohl aber widernatürliche Gesetz zu brechen könnte noch vor dem sexuellen Bedürfnis das eigentliche Motiv sein, das zu käuflichen Beziehungen treibt.

Es handelt sich um Begegnungen, in denen das *allerpersönlichste*, der größten Diskretion verpflichtete – der Sex – gegen das *unpersönlichste*, neutralste und allen persönlichen Eigenschaften fernste Element – das Geld – eingetauscht wird. Dieser Tausch von *Persönlichem* gegen *Unpersönliches* ist es, der am meisten Empörung und ein Gefühl der Erniedrigung hervorruft, vor dem sich die Prostituierten schützen, indem sie ihre Sexualität zu etwas Unpersönlichem machen und von ihren Gefühlen trennen. Daraus entsteht dann ein Verhältnis ohne Vergangenheit und ohne Zukunft, bar jeder Kommunikation. Ein solches gestatten die Ehefrauen und Freundinnen, ohne es zuzugeben, ihren Männern weitaus bereitwilliger als eine echte Liebesbeziehung.

Das Problem der Prostitution betrifft also nicht in erster Linie die Prostituierten, und seine Lösung sind weder der Straßenstrich noch überwachte Bordelle, weder gewisse Appartements, deren Adressen man sich unter der Hand weitergibt, noch die Genossenschaften für sexuelle Dienstleistungen. Seine Lösung besteht darin, daß alle, Männer wie Frauen, eine *unpersönliche* Beziehung mit einer Prostituierten für weniger gefährlich halten als eine *persönliche* Begegnung mit einem anderen Mann oder einer anderen Frau.

Hieraus geht die Prostituierte als die einzig Unschuldige hervor. Weit davon entfernt, um den Mann zu werben oder ihn verführen zu wollen, ist sie lediglich ein *Spiegel* unserer Auffassung von Sex, der, wenn er von Gefühlen getrennt wird, allen paradoxerweise sehr viel weniger gefährlich erscheint als der mit Gefühlen verbundene. Ein deutlicher Beleg hierfür ist die Tatsache, daß eine Beziehung selten wegen eines Seitensprungs beendet wird, wenn beide Partner ihn als solchen ansehen, angesichts eines Liebesverhältnisses jedoch unweigerlich an ihr Ende kommt.

Sprechen wir es unumwunden aus: Hinter dem Wort «Liebe» verbergen sich auch Inbesitznahme des anderen, wirtschaftliche Sicherheit, gesellschaftliches Ansehen, Alterssicherung und vieles andere, was mit der Liebe eigentlich nichts zu tun hat. Und verglichen mit diesem uneingestandenen Durcheinander an Motiven, kann die Prostitution, die keine Bindung, keine Dauer, keine Hingabe und andere jener Mühen fordert, die wir gewöhnlich Tugenden nennen, ein wenig Klarheit in das Wirrwarr bringen, weil sie uns zu dem Eingeständnis zwingt, daß wir vieles «Liebe» nennen, was wenig mit der Liebe gemein hat. Ähnlich verstehen wir umgekehrt unter dem Wort «Sex», den wir uns frei von Käuflichkeit wünschen, sehr wohl Dinge, die sehr viel mehr mit Geld, Macht und jenen Neurosen zu tun haben, die monogame Verhältnisse unweigerlich mit sich bringen.

Bei allen finanziellen Transaktionen hat, wer zahlt, mehr Macht als derjenige, der die Ware liefert. Die Prostituierte kennt darum zwei Strategien, um den von sich abhängig zu machen, der sie von oben herab behandelt. Die erste besteht darin, sich sehr teuer zu verkaufen. Denn ab einer bestimmten Größenordnung ist Geld nicht mehr schmutzig und zeigt sich andererseits als ungeeignetes Mittel zur Honorierung individueller Werte.

Die Verachtung, die die «anständige» Gesellschaft der Prostituierten entgegenbringt, ist nämlich um so größer, je ärmer und elender sie ist, wohingegen sie deutlich abnimmt, je höher der Preis ist, zu dem die Prostituierte sich verkauft – bis hin zur Aufnahme der allseits für ihre Freizügigkeit bekannten Schauspielerin in die Salons der feinen Gesellschaft, in der sie dank ihres exorbitanten Preises ihre Individualität geltend macht und so der Verachtung entgeht, die ihr als käuflicher Frau zwangsläufig entgegenschlägt. Ihr hoher Preis hebt sie aus ihrer «Gattung» heraus und läßt sie als individuelle Person erkennbar werden, die wie jeder Mensch ihre Besonderheit zeigen darf, ökonomisch gesagt, ihren «Seltenheitswert». Die Höhe der Summe entschädigt für die Grobheit des Prinzips, «persönliche» Werte mit dem unpersönlichsten Wertindikator überhaupt, dem Geld, gleichzusetzen.

Ihre zweite Strategie besteht darin, die Bedeutung der Frage: «Wieviel willst du?», von der die Verhandlungen mit Prostituierten gewöhnlich eingeleitet werden, umzudrehen. Gianfranco Bettin schreibt dazu:

Wieviel willst du von mir, wieviel soll ich von mir zeigen, wieviel soll ich dir von deiner Lieblosigkeit zurückgeben, wieviel von deiner Enttäuschung und Unzufriedenheit soll ich entschädigen? Wieviel Sex willst du, wieviel uneigentliche, provisorische Liebe gar, die mehr wäre als nur Han-

delsware? Wieviel willst du «ausprobieren» bei Beziehungen mit Transsexuellen und Transvestiten?[64]

Was aus diesen Fragen hervorgeht, ergibt zusammenge-
nommen ein Bild der Situation des Mannes. Den einen sehen wir auf den Straßen der käuflichen Liebe suchen, was er
im Leben nicht findet, einen anderen im unaufhörlichen
Kampf mit seinem Schuldgefühl oder seinem Wunsch zu
besitzen, was er sich ohne Geld nicht mal im Traum vorstellen könnte. Andere wieder schlagen sich mit Einsamkeit und
Impotenz, mit frustrierten, unterdrückten, heimlichen oder
verstümmelten Sehnsüchten und Bedürfnissen herum.

«Wieviel» soll ich dir liefern für dein finanzielles Angebot, mit dem du kaufen willst, was dir in deinem Leben nicht
gegeben wurde? Wenn du willst, verkaufe ich dir auch die
Erniedrigung, mit der du dich als guter Masochist demüti-
gen willst, indem du Befehlen gehorchst, die ich dir auf dei-
nen Befehl hin erteilen muß. All das weckt in mir den Verdacht, daß du im Grunde keinen Sex kaufen möchtest,
sondern Macht über einen anderen Menschen, für die du sogar bereit bist, dich erniedrigen zu lassen.

Wünsche nach Macht oder Unterwerfung sind ein Indiz
für die noch immer nicht überwundene Auffassung von Sex
als «schmutziger» Angelegenheit, die man nur mit jemandem genießen kann, der niedriger steht. In der Sprache, mit
der man ihn beschimpft, scheint die eigene Scham und Wut
auf.

Nicht besser sind diejenigen, die jede Prostituierte am
liebsten «erlösen» würden und sie beim Kauf ihrer Dienste
bestürzt fragen, wie es denn nur möglich sei, daß sie sich für
Geld hingibt. Diese Männer irritiert die Prostitution, weil
sie sich in gewisser Weise verraten fühlen. Hinter dem

Wunsch, Frauen zu «erlösen», verbirgt sich die uralte männliche Vorstellung von «Besitz», und nichts anderes ist ja der Endzweck des Geldes, das von Hand zu Hand geht.

Freilich geht in unserer «emanzipierten» Gesellschaft nicht nur das Geld von Hand zu Hand, sondern auch die Idee «sexueller Freiheit». Damit sie den Männern erhalten bleibt, wird sie sogar den Frauen als bewußte «Wahl» unterstellt. Eine Unterstellung, die nichts anderem dient, als die wirtschaftliche und psychologische Abhängigkeit der Frauen zu verschleiern.

Gestützt werden diese Heucheleien von all jenen literarischen Werken, die sowohl das Elend als auch die leidenschaftliche Hingabe der Prostituierten glorifizieren. Wen Schilderungen dieser Art rühren, der kann mit ihrer Hilfe sein Selbstmitleid pflegen, ja sich am eigenen Edelmut erbauen, an seiner außergewöhnlichen Fähigkeit, in jedem gefallenen Geschöpf der Straße das Bild der leidenden Maria Magdalena zu erblicken. Das Ganze, schreibt Kate Millett,

hat etwas wirklich Großartiges: da verschafft sich der liberale Mann moralisches Ansehen, indem er die Prostituierte unter seine Fittiche nimmt – was ihn nicht hindert, mit ihr zu schlafen und zugleich stolz darauf zu sein, daß er ihre elende Lage erkannt hat.[65]

Es geht nicht um die Frage, mit der man gerne alle anderen Probleme in den Hintergrund drängt, nämlich, ob man Prostituierte in staatliche oder private Bordelle «sperren» sollte, selbstverständlich unter medizinischer Betreuung, damit die männliche Kundschaft gefahrlos mit ihnen verkehren kann. Das eigentliche Problem besteht vielmehr darin, daß man die Prostitution als ein Lackmuspapier betrachten muß. Dann erkennt man in der Autodestruktivität der Prostituierten (ein Thema, von dem sich Literatur und öffentliche Meinung genußvoll nähren) und in ihrer Weigerung, sich die eigene Lage bewußt zu machen, das grelle Abbild einer archaischen, doch auch in unserer «entwickelten» Gesellschaft keineswegs überwundenen Tendenz: die Absicht, den Frauen ihr Ich zu nehmen, ihre Selbstachtung, ihre Hoffnung, ihren Optimismus, ihre Phantasie, ihre Sicherheit, ihren Willen und ihre Individualität.

All das ist nicht, wie Freud behauptete, dem ‹natürlichen weiblichen Masochismus›[66] zuzurechnen, sondern den Anpassungsmechanismen, die in jeder unterdrückten Gruppe zu beobachten sind. Wenn ihre Mitglieder sich weigern, an der eigenen Unterdrückung mitzuwirken, indem sie den Haß und die Verachtung ihrer Unterdrücker verinnerlichen, werden sie bestraft und gehen letztlich zugrunde. Diesem perversen Mechanismus müssen wir unsere ganze Aufmerksamkeit widmen. Er ist nicht nur den Prostituierten vertraut, sondern auch den treu ergebenen Ehefrauen.

7.

Liebe und Begehren

Es ist mein Verlangen, das ich verlange, und das geliebte Wesen ist nicht mehr als sein Helfershelfer.
Roland Barthes *Fragmente einer Sprache der Liebe*

Das Wort «Liebe» ist schnell gesagt. Doch was hinter diesem Wort steckt, weiß nur der Teufel. Und wenn ich Teufel, *Dia-bolus* sage, meine ich die bis zum Zerreißen ge-spannte Anziehung zwischen den entferntesten Elementen, so wie die Punkte eines Kreises, die der *Dia-meter* verbindet, einander *dia-metral* entgegengesetzt sind. Es handelt sich um Spannungen zwischen unvereinbaren Kräften, sie wüh-len das empfindliche Gelände unseres Gefühlslebens auf, das zwischen den Abenteuern des Begehrens und den Verlok-kungen des Daheimseins hin- und hergerissen wird, das schwankt zwischen dem Bedürfnis nach Transzendenz, ei-ner natürlichen, vom Begehren entfachten Sehnsucht des Menschen, und der Angst vor dem Verlust von Schutz, Sta-bilität und Sicherheit, auf die der Mensch ebenfalls nicht verzichten kann.

Die Liebe ist nur der Schlüssel, der uns die Türen zu un-serem Gefühlsleben öffnet, das wir zu kontrollieren glau-ben. Während es uns in dieser Selbsttäuschung läßt, führt es uns aber auf allerlei Wege und Umwege, auf denen im verborgenen und in verworrener, widersprüchlicher Weise die ganze Lebenskraft unseres Daseins strömt.

Wir alle, der eine mehr, der andere weniger, haben die Erfahrung gemacht, daß die Liebe sich vom Neuen, vom Geheimnis und der Gefahr nährt und daß die Zeit, der Alltag und die Vertrautheit ihre Feinde sind. Liebe entsteht aus der Idealisierung des geliebten Menschen, in den wir uns dank einer Verzauberung der Phantasie verliebt haben. Nach einer Weile jedoch bewirkt die Zeit als Komplizin der Wirklichkeit eine Entzauberung und verwandelt die Liebe entweder in Zuneigung ohne Leidenschaft oder in bittere Desillusionierung.

Die Liebe vergeht, weil im Laufe der Zeit nichts bleibt, wie es ist, vor allem nicht, wenn es um Menschen geht, die das Leben zu beständiger Veränderung zwingt. Doch nicht an dieser stirbt die Liebe, vielmehr sind wir selbst es, die alles tun, sie zu zerrütten. Und es gibt ausgezeichnete Gründe dafür, an diesem Schwächerwerden der Liebe interessiert zu sein. Der erste Grund ist die «psychische Impotenz», von der Freud im Zusammenhang mit der Selbstbeschränkung spricht, der wir unsere Fähigkeit, zu begehren und das Begehren lebendig zu erhalten, unterziehen. Freud folgert daraus: «Wo sie lieben, begehren sie nicht, und wo sie begehren, können sie nicht lieben.»[67]

Ist sie frei von Begehren, gewährt die Liebe Zärtlichkeit, Intimität und Sicherheit, aber sie bietet keine Abenteuer, ihr fehlen die Spannung und das Gefühl des Wagnisses, an denen sich die Leidenschaft entzündet. Das Begehren ohne Liebe wiederum ist stimulierend, aufregend und erregend, aber ihm fehlt es an der Intensität und der Risikobereitschaft, die einer Liebesbeziehung Tiefe verleihen. Es ist uns bis auf wenige, kurze Augenblicke im allgemeinen nicht vergönnt, ein und denselben Menschen gleichzeitig zu lieben *und* zu begehren. Denn die Liebe, die im Zeichen der Stabilität und der Ewigkeit entsteht, will just das, was das Begehren verweigert.

Das Begehren weiß nämlich gar nicht, was es will. Es handelt grundlos und lehnt jede Bemühung, sich durch Wiederholung bestätigt zu sehen, ab. Als unkontrollierte Kraft bricht es in etablierte Ordnungen ein, um dort innerhalb des lang schon etablierten, kodifizierten Sinns einen Gegen-Sinn zu schaffen, bei dem das Reden zwar nicht stillsteht, seine Gegenstände aber unablässig umkreist. Darum führt das Begehren beim Sprechen zu Parenthesen und Einschüben. Wie ein Unfall bricht das Begehren in unser Leben ein und setzt es einem neuen Sinn aus, der es fast immer auf Abwege führt, die dem Bedürfnis nach einem geraden Lebensweg entgegenstehen.

Denn im Unterschied zur Liebe, die Konstruktivität und Stabilität will, bewegt sich das Begehren auf den Moment des Verlusts zu. Es hat keine Sprache, die parallel, autonom oder alternativ zur Sprache der Liebe wäre. Es bewirkt lediglich meist unzusammenhängende Ereignisse, die die Auflösung all dessen anstreben, was sich als einzigartig oder exemplarisch darstellt, sich also den Reichtum und die Vielfalt unterordnen möchte. Darum enthält das Begehren in seiner Impulsivität keine Antwort und keine Lösung. Es läßt sich von keiner Logik leiten. Es sprengt sogar die Logik des Sprechens, seine Grammatik und Syntax. Das Begehren ist es, was beim Sprechen Probleme bereitet.

Wie der Vagabund jede Regelmäßigkeit flieht, die ihn eingliedern und zu einem ihrer Elemente machen will, wie er für sein Herumstreunen außerhalb jeder Struktur verfolgt wird, so bewegt sich auch das Begehren außerhalb aller

Zusammenhänge, in denen man es fesseln könnte. Sein Umherschweifen wird als Irrtum geächtet, der nicht das Gegenteil der Wahrheit ist, sondern ihr Scheitern.

Fern aller Logik spielt das Begehren ein Spiel ohne Regeln, denn Regeln sind die Negation des Spiels, weil sie dazu dienen, jemanden vom Spiel auszuschließen. Die Spielzüge des Begehrens entsprechen keinem Kalkül, und ihr Ausgang ist nicht absehbar. Auf diesem Spielfeld herrscht nicht die Korrektheit mit ihrer pädagogischen und moralischen Funktion, von der die Liebe sich nährt. Das Begehren ist regelwidrig. Mit seiner widersprüchlichen Natur zerstört es die Regelkonformität der liebevollen Beziehung. Es läßt unvermutete, plötzliche Verzauberungen in ex-zentrischer Weise wirken und de-zentriert damit die Ordnung auf Fluchtlinien hin, an denen der Sinn verlorengeht, den man im Laufe eines Lebens mühsam aufgebaut hat.

Statt des gegenseitigen Gebens und Nehmens, von dem jede Liebesbeziehung gestützt wird, kennt das Begehren nur den *Diebstahl* und das *Geschenk*. Die Liebe, die Sicherheit und Dauerhaftigkeit sucht, neigt darum dazu, das Begehren, das sie als ihre schärfste Verneinung fürchtet, auszulöschen oder es als Fiktion in die Einbildungskraft abzuleiten, wie man die gefürchteten Kräfte eines reißenden Flusses ableitet, indem man ihm ein künstliches Bett gräbt oder ihn auf tausend Rinnsale verteilt, die in der Erde versickern.

So erklärt sich der Erfolg der virtuellen Liebesbeziehungen per Internet. Hier lockt die Möglichkeit, das eigene Begehren mit einem geheimnisvollen Fremden auszuleben, den es nicht gibt oder dem man nie begegnen wird, und damit Bereiche des Verbotenen und Prekären von einem Ort aus zu erforschen, der sicherer ist als unsere wirklichen Beziehungen, in denen wir uns keinen Verlust unserer Selbstkontrolle gestatten.

Also trennen wir, um das Risiko zu mindern, die Stabilität, zu der die Liebe neigt, vom Abenteuer, nach dem das Begehren verlangt. Das Wort «Abenteuer» meint hier nichts Banales, sondern jenes Wesensmerkmal, durch das der Mensch im Unterschied zum Tier immer über sich selbst hinausstrebt, und zwar in jene Dimension, von der auch die christliche Kultur lebt, wenn sie von «Transzendenz» spricht, vom «Überschreiten» dessen, was uns einfach nur gegeben ist. Begehren ist *Transzendenz*.

Doch bis auf wenige Ausnahmen ist niemand bereit, für den unbekannten Zauber des Abenteuers alles aufs Spiel zu setzen. Denn auch wer sich auf Abenteuerfahrten einläßt, muß von einem bestimmten Ort ausgehen, damit er weiß, «von wo ich komme», «wohin ich gehöre» und wohin er vielleicht eines Tages «zurückkehren möchte». Tatsächlich können wir uns keinen Menschen und keine Kultur vorstellen, die sich nicht ausgehend von einem Wissen um das eigene «Zuhause» orientieren. Dieses definiert Robert Lee Frost als den «Ort, wo sie dich, wenn du kommst / Aufnehmen müssen»[68]. Denn wir suchen nicht nur das Abenteuer, wir wollen auch Kontinuität und Identität, um Wurzeln schlagen zu können, und darum baut jeder sich auf seine Weise ein Zuhause, das er gegen die Gefahren des Abenteuers verteidigt.

Es sind nicht nur der Alltag, die Vertrautheit und die Gewohnheit in diesem Haus, die die Leidenschaft der Liebe zum Erlöschen bringen. Wir selbst wählen Alltag, Vertrautheit und Gewohnheit, um die Leidenschaft aus unserem Zufluchtsort zu verbannen und ihn so vor den Erschütterungen des Abenteuers zu schützen. Denn Sicherheit und Geborgenheit brauchen wir ebenso wie das Abenteuer.

Einerseits wenden wir große Mühe auf, um uns einen familiären Raum, ein Heim zu schaffen und nach außen abzugrenzen, andererseits können wir uns kaum vorstellen, daß unser Sicherheitsbedürfnis uns daran hindert, weiterhin Sehnsucht nach dem Leben «on the road» zu haben, wie Kerouac es beschreibt[69]. Ebenso schwer fällt es, sich Nomaden vorzustellen, deren Verlangen nach dem Abenteuer sie tatsächlich ganz und gar taub machen würde für Nietzsches Warnung: «Weh dem, der keine Heimat hat!»[70]

Und man sage nicht, daß Männer von Vertrautheit und Sicherheit weniger abhängig seien als Frauen. Im Gegenteil, die männliche Identität wird vom Fehlen häuslicher Geborgenheit viel grundlegender erschüttert, wie die Geschichten von geschiedenen Männern zeigen, die die Familie, bei der sie keine Aufnahme mehr finden, auslöschen. Ebenso sind Frauen kaum weniger abenteuerlustig als Männer, aber sie haben größere Angst vor den Auswirkungen, die ihre Abenteuerlust auf die traditionellen Aspekte weiblicher Identität hat.

Wie lassen sich also Sicherheitsbedürfnis und die Sehnsucht nach dem Abenteuer vereinbaren? Wie soll man den Riß zwischen diesen so tief in der menschlichen Natur verwurzelten Kräften kitten? Es gibt einen Weg, und er besteht darin, die fortwährenden Veränderungen, denen jeder Seßhafte im Laufe seines Lebens Tag für Tag ausgesetzt ist, wahrzunehmen und zu akzeptieren. Diese Veränderungen gestalten den Alltag immer wieder um, sie bringen die Vertrautheit ins Wanken, stören die Gewohnheiten und fügen dem Ablauf etwas Ungewöhnliches, Neues hinzu.

Wie leicht erkennbar und vorhersehbar ist ein anderer

Mensch? Wie vorhersehbar und erkennbar sind wir selbst? Ist es nicht so, daß Vorhersehbarkeit, Erkennbarkeit, Alltäglichkeit, Vertrautheit und Gewohnheit die Folgen unserer mangelnden Aufmerksamkeit für den anderen sind? Oder vielleicht sogar Mittel, derer wir uns bedienen, um Neugier und Leidenschaft, die wichtigsten Antriebskräfte des Begehrens, zu ersticken, um unsere Sicherheit nicht zu gefährden? Liebe ohne Leidenschaft ist langweilig, aber eine sichere Angelegenheit.

Wieviel Glück tauschen wir gegen diese Sicherheit ein? Wie viele Veränderungen im anderen übersehen wir bewußt, um uns einen vorhersehbaren Partner zu erhalten? Die Gewohnheit tötet das Begehren. Und da wir das im Grunde wissen, neigen wir fast immer dazu, geliebte Menschen in Gewohnheiten zu verwandeln. Denn mit dieser schützenden Degeneration sichern wir uns die Geborgenheit des Hauses und halten uns die Verwundbarkeit der Liebe vom Leibe.

Wenn wir uns vor Augen führen, daß die menschliche Erfahrung in ihrem Wesen wandelbar ist und jeder von uns fortwährend Veränderungen erlebt, müssen wir uns eingestehen, daß Sicherheit ein Wunschtraum ist, den wir zu realisieren versuchen, indem wir den anderen in einem von uns selbst geschaffenen Bild erstarren lassen. Das Abenteuer dagegen, der Antrieb des Begehrens, ist die Realität. Aus Angst, das Abenteuer könnte uns aus dem Gleichgewicht bringen, lassen wir es nicht in unser Haus, wir gönnen ihm höchstens außerhalb des Hauses die Zeit einer Nacht. Das wiederum ist zuwenig, um die Lust auf das Abenteuer, auf Neuheit und Veränderung zu befriedigen, die Teil der Natur des Menschen und seiner widersprüchlichen Art zu lieben ist.

8.

Liebe und Idealisierung

Die Kraft der Idealisierung und der ungesunde Realismus

> Das Bestreben, welches hier das Urteil fälscht, ist das der Idea-
> lisierung [...] wie es zum Beispiel regelmäßig bei der schwär-
> merischen Liebe des Jünglings geschieht; das Ich wird immer
> anspruchsloser, bescheidener, das Objekt immer großartiger,
> wertvoller; es gelangt schließlich in den Besitz der gesamten
> Selbstliebe des Ichs, so daß dessen Selbstaufopferung zur na-
> türlichen Konsequenz wird. Das Objekt hat das Ich sozusagen
> aufgezehrt.
>
> Sigmund Freud *Massenpsychologie und Ich-Analyse*

«Keiner ist wie du. Du bist einzigartig auf der Welt.»
So begann ein Schlager, den Rita Pavone in den 60er Jahren
sang. Wahrscheinlich hat Rita Pavone, die damals noch ein
junges Mädchen war, das *Fragment einer Erkenntnistheorie
der Liebe*, das der Philosoph Giovanni Gentile im Jahr 1918
schrieb[71], nicht gekannt. Doch der Schlager und die kurze
Abhandlung von Gentile sprechen dieselbe, große Wahrheit aus: Man kann sich nicht verlieben, wenn man die
geliebte Person nicht idealisiert, wenn die Phantasie nicht
mithilft, aus dem anderen etwas Einzigartiges, Unvergleich-
liches zu machen. Gewiß, je höher der Gipfel ist, den man
erklimmt, desto gefährlicher wird ein Absturz. Doch ohne
die gefährlichen Abgründe gibt es auf den Höhen, die man
erreichen wollte, keinen Schauder.

Als Gentile sein *Fragment* verfaßte, begann die Psychoanalyse gerade mit der Errichtung ihres Ideengebäudes unter dem Vorzeichen der «Realitätsprüfung». Sie nannte diejenigen «neurotisch», die Luftschlösser bauen, und als «psychotisch» galten ihr diejenigen, die darin hausten. Die einen wie die anderen entfernen sich vom «gesunden Realismus», der zu einer klar erkennbaren und verläßlichen Realität gehört, um im ersten Fall in einer Phantasiewelt und im zweiten in einer Wahnwelt zu leben.

Die Verliebten, die das geliebte Wesen idealisieren, werden von der Psychoanalyse daran erinnert, daß die Idealisierung eine infantile Regression ist. Denn wer liebt, überträgt jene Einzigartigkeit auf die geliebte Person, die wir als Kinder unseren Eltern zuschrieben, als wir sie überschätzten, weil unser Leben von ihnen abhing und wir ihre Schattenseiten noch nicht sehen konnten.

Während die Idealisierung der Eltern für die Kinder sinnvoll ist, weil sie jenes grundsätzliche Vertrauen schafft, das notwendig ist, um mit einem Mindestmaß an Selbstachtung heranzuwachsen, ist sie äußerst gefährlich, wenn man sich verliebt. Allzu leicht verlieren die Ideale ihren Glanz, löst sich aller Zauber in Luft auf, verpufft die magische Wirkung, und alle Täuschungen kommen früher oder später ans Licht. Nach ihrer ersten leidenschaftlichen Nacht fürchten Romeo und Julia den Morgen, weil sie wissen, daß der Zauber des Mondscheins im unbarmherzigen Licht des nächsten Tages verfliegt.

Soweit die Psychoanalyse. Sie geht indessen noch weiter mit ihrer Predigt vom «gesunden Realismus» und warnt, daß die Idealisierung uns ärmer machen werde. Wir verlagern alles für uns Wertvolle in den anderen, und wenn der andere die Vollkommenheit, die wir in ihm zu sehen glaubten, nicht widerspiegelt, wenn er, was wir auf ihn übertragen haben, nicht zurückgibt, müssen wir entweder imstande sein, den Zauber zu brechen, und lernen, den anderen in einem nüchternen, realistischen Licht zu sehen, oder wir werden in tiefe Selbstzweifel stürzen, da wir uns sämtlicher eigener Werte beraubt haben, um sie dem idealisierten anderen zuzuschreiben.

Auf die Zweifel folgen wenn nicht der Selbstmord, so doch mit Sicherheit untröstliche Depressionen. Durch die Idealisierung des anderen haben wir uns entwertet und von der Realität abgekoppelt. Und da unsere seelische Stabilität von einer genauen Einschätzung der Wirklichkeit abhängt, gilt die idealisierende Verliebtheit, wie sie der Schlager von Rita Pavone und der Aufsatz von Giovanni Gentile beschreiben, der Psychoanalyse als außerordentlich gefährlich.

Gefährlich, aber unvermeidlich. Denn das Begehren entsteht nicht ohne Idealisierung, es entzündet sich an der Vorstellung, der andere besitze all jene Eigenschaften, die ihn einzigartig, besonders und außergewöhnlich machen. Freud hielt die Phantasie für den Widerpart der Realität, er glaubte, sie könnte die Wahrnehmung der Wirklichkeit trüben, da die Einbildungskraft die Wirklichkeit zwar bereichert, nicht selten aber auch erfindet. Insofern wäre sie eine Feindin der Wahrnehmung, die die Wirklichkeit getreu abbildet.

Nach Freud haben die Phänomenologie und vor allem Maurice Merleau-Ponty uns jedoch gezeigt, daß die Einbildungskraft und die Phantasie, zu denen auch die liebende Idealisierung gehört, unsere Wahrnehmung der Wirklichkeit generell beeinflussen. Jeder sieht die Dinge mithin auf seine Weise, wenn er sich aus dem Fenster seines bevorzugten Luftschlosses lehnt.[72] Und das liegt daran, daß die

Wahrnehmung der Wirklichkeit nichts Passives ist, sondern eine aktive Konstruktion, bei der Einbildung, Phantasie und Wunschdenken die Gegebenheiten der Wirklichkeit so umgestalten, daß sie einen Sinn für uns erhalten.

Von diesem Standpunkt aus ist Objektivität ein der Realität nicht ganz entsprechendes Ideal, sie ist nichts anderes als der Wunsch nach einer im Grunde unerreichbaren Sicherheit. Vielleicht gilt auch in Sachen Liebe das Prinzip, das der Physiker Werner Heisenberg formulierte, nach dem die Bedingungen, unter denen eine Beobachtung stattfindet, das Beobachtete prägen[73]. Tatsächlich hängt das, was man an einem anderen Menschen entdeckt, zum großen Teil davon ab, wer wir selbst sind und wie wir uns diesem Menschen nähern.

Das gleiche können wir von der Selbsterkenntnis sagen, die das Orakel von Delphi jedem von uns als Lebensaufgabe stellte. Eine unendliche Aufgabe, denn eine bestimmte Version von sich zu kennen, mag dazu dienen, sich vor der Erkenntnis anderer Versionen und vor den Überraschungen, die daraus folgen können, zu schützen. Sagen wir also ruhig, daß die Überzeugung, den anderen wirklich auf objektive, zuverlässige und vorhersagbare Weise zu kennen, eine der vielen Illusionen, ja vielleicht sogar die letzte Illusion jener Leidenschaft ist, die Enttäuschungen um jeden Preis vermeiden will.

Wir sind von den anderen abhängig und neigen deshalb dazu, uns ein möglichst verläßliches, leicht erkennbares Bild von ihnen zu machen. Denn nur wenn wir Leidenschaft, Begehren, Begeisterung und die Neigung zur Idealisierung auf ein Minimum reduzieren, verringern wir auch die Gefahr der Enttäuschung und des Verdrusses. Schließlich verdrängen wir sogar die realen und liebenswerten Eigenschaften des anderen, an denen sich unsere Leidenschaft einst entzündet hatte. Das ist die Objektivität. Ein Schutz vor Enttäuschung.

Unser Bedürfnis nach Sicherheit und unser Verlangen nach leidenschaftlicher Hingabe treiben uns in unterschiedliche Richtungen. Wie immer die idealisierende Erregung beschaffen ist, sie bringt den Liebenden in Gefahr, denn eine Idealisierung kann nicht vergolten, eine idealisierende Liebe kann nicht erwidert werden. Also beschneidet man die Liebe, schon während sie entsteht. Nicht weil die Idealisierung am Kontakt mit der Wirklichkeit, an zunehmender Vertrautheit scheitert, sondern weil man nicht von einer leidenschaftlichen Idealisierung abhängig sein will, bei der die Sicherheit und Vorhersehbarkeit, die wir in einer Beziehung brauchen, gefährdet sind.

Die angebeteten Eigenschaften des Geliebten mögen auch durchaus real sein, aber weil es viel schmerzhafter ist, jemanden zu verlieren, der «einzigartig auf der Welt» ist, als jemanden, der austauschbar ist, schützt man sich gewöhnlich vor der Idealisierung, indem man die Beziehung entweder nach der ersten Begegnung abbricht oder sich an den Unvollkommenheiten und Mängeln des geliebten Menschen festhält, um die Faszination im Zaum zu halten. Besser, man löscht einen Stern sofort aus oder verdeckt sein Licht, als das Risiko einzugehen, dieser Stern könnte nicht für einen selbst leuchten. Schauder der Liebe ja, aber bitte ohne Gefahr.

Wenn wir versuchen, uns eine gewisse Stabilität zu sichern, nehmen wir die Idealisierungen zurück, halten uns für klüger und behaupten, mehr von Liebesdingen zu verstehen. Doch es ist keineswegs ausgemacht, daß das sichere Terrain, auf das wir uns mit unserem «gesunden Realismus» begeben haben, realer ist als die Idealisierungen, die wir mit unserer Leidenschaft erzeugen. In Wahrheit wählten wir dieses Terrain in einer bestimmten Absicht, zum Selbstschutz, um Enttäuschungen zu vermeiden. Wer möglichen Enttäuschungen entgehen will, mahnt uns Giovanni Gentile in seinem *Fragment*, dem entgeht jedoch auch die Möglichkeit, die Wirklichkeit zu konstruieren und zu verändern:

Lieben ist Wollen. Wenn wir etwas lieben, das wertvoll ist und einem Ideal entspricht, dann tun wir das, weil dieses Ideal nicht existierte und wir es mit unserer Liebe erschaffen wollen [...]. Denn das, was wir wollen, ist ja, ebenweil wir es wollen, noch nicht vorhanden. Wir wollen nicht die Erde, sondern den Besitz der Erde, das heißt jene Erde, die unsere, die in unserem Besitz und ein Teil unseres Lebens sein soll. Auf die gleiche Weise lieben wir das Lebendige, auf die gleiche Weise lieben wir ein göttliches oder ein menschliches Wesen, eine andere Person. Wenn diese Person von uns geliebt wird, wird sie durch unsere Liebe neu erschaffen.[74]

Die Botschaft ist deutlich. Liebe ist kein passiver Zustand, sondern aktives Gestalten, das eine an sich bedeutungslose Wirklichkeit dank jenes idealisierenden Anstrichs, den die Liebe zur Realität machen möchte, in etwas Faszinierendes verwandelt. Denn Liebe ist vor allem *aktive Schöpfung*, nicht *passive Befriedigung*. Liebesfähig sind nicht jene, die geduldig auf die Begegnung ihres Lebens warten, sondern jene, die sie aktiv herbeiführen, indem sie die Wirklichkeit ihren eigenen Idealen entsprechend umformen. Gentile schreibt:

Die geliebte Person ist diejenige, die von unserer Liebe neu erschaffen wurde. Sie wird unmittelbar und mittelbar erschaffen: Das heißt, sie ist für uns von dem Moment an, da wir sie zu lieben beginnen, ein neues Wesen; aber sie wird auch wirklich zu einem immer neuen Wesen, sie verwandelt sich nämlich fortwährend durch unsere Liebe, die auf sie einwirkt und sie allmählich immer nachdrücklicher unserem Ideal anpaßt. Kurzum, das Objekt der Liebe, welcher Art auch immer es sei, existierte vor der Liebe nicht, sondern wurde von ihr geschaffen. Vergeblich wäre es darum, mit abstrakter Vernunft, die sich einbildet, sie wüßte, wie die Dinge an sich sind, nach diesem Objekt zu suchen. Auf diesem Wege findet man es nicht, man erfährt nur, daß es nichts gibt, was man liebt und darum wert wäre, geliebt zu werden. Man findet nur Mängel, Böses und Häßliches: Das also, was man nie lieben wird, weil es per definitionem das ist, was man haßt.[75]

Vorsicht also vor dem «gesunden Realismus». Er ist, wie Wallace Stevens sagt, die letzte Illusion, die wir uns schaffen, um uns vorbeugend vor Enttäuschungen zu bewahren.[76] Doch in Regionen, in denen die mit vernünftiger «Realitätsprüfung» verwechselte Vorsicht herrscht, wird man die Liebe nicht antreffen.

9.

Liebe und Verführung

DIE TRANSPARENZ DER KLEIDER UND DIE TÄUSCHUNG DES BEGEHRENS

Die Verführung beruht nicht auf dem Begehren oder auf der erotischen Anziehung: Das alles ist vulgäre fleischliche Mechanik und Physik, nichts Interessantes. Sicher, der Zauber der Verführung läuft über die Verlockung des Sexes. Doch eigentlich durchläuft er sie, er übersteigt sie. Bei der Verführung ist das Begehren nämlich kein Zweck, sondern ein hypothetischer Einsatz im Spiel. Genauer: Bei diesem Einsatz geht es darum, das Begehren anzufachen und zu enttäuschen, denn seine einzige Wahrheit besteht darin, aufzuflammen und enttäuscht zu werden.

Jean Baudrillard *Il destino dei sessi e il declino dell'illusione sessuale*

«Man muß Realist sein», lautet ein Imperativ unserer Zeit. «Man darf nicht vor der Realität fliehen.» Das bedeutet nichts anderes als: «Die Realität muß mit ihrer Undurchdringlichkeit und Härte ertragen werden.» Eine erbarmungslose Ökonomie der Vernunft bringt uns dazu, im Fluß des Alltagslebens sehr vielen Erfahrungen auszuweichen, zu denen wir Zugang hätten, wenn wir die undurchdringliche und harte Realität nur ein klein wenig durchbrechen würden. Dann könnten wir jenen Fluchtlinien folgen, die sich uns auftun, wenn wir die Realität wie einen durchdringenden Schleier behandeln, durch den man den Blick auf das *Ir-reale* und *Sur-reale* richten kann.

Transparent wird die Realität nämlich schon, wenn man jene winzigen Nuancen entdeckt, die in verborgenen Bedeutungsaspekten liegen, oder zumindest in die Richtung schaut, auf die eine Anspielung weist. So verfolgt die Transparenz ein Sinnangebot jenseits der hermetischen Dichte der Realität und erweitert den Horizont um diese Winzigkeit. Dank der Einbildungskraft, die ja auch der Motor der Geschichte ist, weitet sich die Szenerie. Baudrillard schreibt dazu:

> Durch den Prismenspiegel der Verführung gelangt man zu einer hohen Brechung. Sie besteht nicht in der schlichten Erscheinung, nicht in der reinen Abwesenheit, sondern in der Verfinsterung einer Anwesenheit. Ihre einzige Strategie ist, gleichzeitig da zu sein und nicht da zu sein und auf diese Weise eine Art intermittierendes Augenzwinkern zu bewirken, eine hypnotische Vorrichtung, in der die Aufmerksamkeit sich kristallisiert, ohne daß irgendein Sinn entstünde. Hier verführt die Abwesenheit die Anwesenheit.[77]

Der nackte Körper ist die Realität, wohingegen der Körper, der durch die Kleidung hindurch erahnbar ist, nicht so genau bestimmt ist, daß er die Einbildungskraft hemmen würde, und nicht so verborgen ist, daß er sie nicht anregen würde. In diesem Zwischenraum zwischen Sichtbarem und Unsichtbarem entdecke ich mein Begehren. Nur das zweideutige Spiel der Anwesenheit und der Abwesenheit weckt den Wunsch nach Übertretung, also nach dem Jenseits. Ähnlich der Mechanismus, der auf der Suche nach Gott die Welt durchschreitet, ohne ihm je zu begegnen. Der Blick durchdringt die Kleider, um einen Körper zu erfassen, der das Begehren allein dadurch speist, daß er sich ihm entzieht.

Das Begehren hat kein genaues Ziel. Da es die Wiederholung verachtet, mit der die Realität sich selbst bestätigt, findet es sich in allen Hemmnissen, in jeder mißglückten Handlung, in jedem Riß der Realität, wo ein jenseitiger, über das Gegebene hinausweisender Sinn hindurchscheint, der, verglichen mit dem Realen, ir-real oder sur-real ist.

Ir-real ist das Verhalten, das mit Erlaubnis der Transparenz den Körper des anderen so gründlich betrachtet und erforscht, als wollte es etwas entdecken, was über die bloße Anatomie hinausweist. Damit ähnelt es dem Spiel von Kindern, die eine Uhr zerlegen, um herauszufinden, was die Zeit ist.

Sur-real ist das Schicksal der Uhr, deren Realität zerstört wird, damit die Entdeckungslust Gestalt annehmen kann. Wenn man sich nämlich mit Erlaubnis der Transparenz auf jenen Weg begibt, der in der Verlockung eines durch die Kleider hindurchscheinenden Körpers gipfelt, entdeckt man, daß das eigentlich Verlockende nicht der Körper selbst war, sondern die Tatsache, daß er unser Begehren verkörperte.

Transparenz ist also kein Weg, der bei unserem gierigen Blick beginnt, um bis zur Berührung des anderen Körpers zu führen. Transparenz ist eine umgekehrte Bewegung: Sie macht den Körper des anderen durchsichtig, um ihn in einen Spiegel zu verwandeln, in dem unser Begehren reflektiert wird. Es scheint nämlich, als könnten wir unsere Begierden nicht erkennen, wenn der Körper des anderen sie uns nicht zurückspiegelt. Doch dafür muß dieser Körper seine opake Dichte aufgeben, die jeden Blick gierig aufsaugt, ohne ihn zu erwidern. Er muß zu einer spiegelnden

Oberfläche werden und so dem Begehren desjenigen, der ihn betrachtet, die Möglichkeit geben, transparent zu werden.

Dank der Transparenz bewegt sich der Körper des anderen – man könnte auch sagen: die Welt – im Leben wie hinter einer Glasscheibe oder wie in einem Aquarium. Ich sehe ihn zum Greifen nah und doch getrennt vor mir, und die Trennlinien sind gerade flexibel genug, um dem Begehren, dem Motor der Einbildungskraft, mithin auch der *Ir-realität* und der *Sur-realität*, die Überschreitung zu gestatten. Die Grenzen zu überschreiten bedeutet schlicht und einfach zu leben, denn die «Realitätsprüfung» ist der Tod. Nur sie kann mir zeigen, daß das Objekt meines Begehrens aufgehört hat zu existieren und ich nichts mehr von ihm erwarten, da ich ihm nicht einmal mein Unglück anvertrauen kann.

Die Realität ist gnadenlos in ihrer Undurchdringlichkeit. Sie hat immer das letzte Wort, sie läßt den Vorhang fallen und schafft die Transparenz ab. Das Bild, das ich mir gemacht habe, verliert alle Rätselhaftigkeit und wird grausam, denn es schließt jede Möglichkeit der Entdeckung aus – wozu die Verführung doch gerade verlockt.

Nun versteht man, warum die Verführung der Natur nicht traut. Ein nackter Körper ist, so wie die Natur ihn geschaffen hat, durchaus nicht verführerisch, wenn nicht ein Kunstgriff eingesetzt wird. Nur durch das Künstliche kann die schlichte Nacktheit verwandelt und die Natürlichkeit eines an sich bedeutungslosen Körpers gebannt werden. Ohne ein Augenzwinkern, ohne das Spiel des Erscheinens und Verschwindens, ohne das Anstacheln des Begehrens, das seine Enttäuschung fürchtet, ohne das Überschreiten des Körpers und seiner banalen Nacktheit, ohne die Angst vor jenem blinden Fleck, nämlich der Seele des anderen, um deren trügerisches Einverständnis all unsere Wunschträume kreisen, gibt es kein erotisches Geschehen.

Doch das Versprechen der Transzendenz, das in der Verführung liegt, kann auch gebrochen werden. Dies ist der Fall bei jener Inszenierung, die eine bloße Parodie der Verführung bildet: In ihr soll der halb geöffnete Mund dem weiblichen Geschlecht ähneln. Es ist ein Mund, der nicht sprechen, nicht essen und nicht küssen kann, weil nur in der Negation seiner natürlichen Funktionen die erotische Funktion erscheint. Das gleiche gilt für die Augen, die, stark geschminkt, nichts erblicken und niemanden anschauen, so daß, wer sie bewundert, keinem Subjekt begegnet, sondern einem lockenden Objekt, das lediglich seiner eigenen Lust huldigt.

Der entblößte und künstlich für die Verführung hergerichtete Körper entfaltet um sich herum keine *Szene*, in der seine Absichten auch in den Dingen Ausdruck finden. Er ist bloße *In-szenierung* und darum *ob-szön*[78], weil er nach Spielregeln angeboten wird, die ihn noch nackter machen, als er bereits ist. Nackt in der Nacktheit eines erotischen Rituals, das dem Körper jede Ausdrucksmöglichkeit nimmt, weil jeder Ausdruck an die Kleidungsstücke, die Accessoires, die Gesten, die Musik und die Beleuchtung verwiesen wird, den jeweiligen Tonlagen gemäß, die eine geschickte Regie anspielt, um Begehren zu wecken. Das einzige Ziel besteht darin, das Begehren vor dieser «Inszenierung», bei der nicht die Transzendenz, sondern die Undurchdringlichkeit des Körpers zelebriert wird, erstarren zu lassen. In diesem Fall spielt die Verführung mit dem Tod und ist darum, wie sadistisch sie sich auch geben mag, stets unweigerlich masochistisch.

Denn wenn das Idealbild der Verführung jener nackte Körper der Titelbildfrauen ist, den die Modedesigner uns unaufhörlich nahelegen, nun, dann handelt es sich um eine Frau, die, just wenn die Modemacher sie ankleiden oder ausziehen, entsexualisiert wird. Was sie hier in Szene setzen, ist nichts anderes als eine Art Schauspiel der Angst, als müßte die Erotik an der Schwelle ihrer Kleider erschrocken innehalten. Denn sie werden mit rituellen Gesten getragen, die den Gedanken an Sex provozieren und zugleich exorzieren.

Nachdem sie das Publikum zum bloßen Vertreter eines allgemeinen Voyeurismus erniedrigt hat, verbirgt die verführerische Inszenierung, vermutlich aus Furcht vor der Frau, ihre Angst, indem sie den weiblichen Körper mit den erlesenen Erzeugnissen ihres raffinierten Manierismus liebkost. Und hat die Inszenierung ihr Geschöpf erst einmal mit sämtlichen Utensilien und Stereotypen ausstaffiert, die ihr zu Gebote stehen, läßt sie es am Ende in der Bedeutungslosigkeit untergehen, indem sie seine Nacktheit zur Schau stellt, freilich nur, um diese Nacktheit unzugänglich zu machen.

Einige beim Gang auf dem Laufsteg nur eben angedeuteten Elemente der Erotik werden von den beruhigenden Ritualen der *Modewirtschaft* absorbiert. Sie beseitigen die weibliche Sexualität mit ebenso großer Entschiedenheit und Zuverlässigkeit, wie ein guter Impfstoff eine Krankheit verhindert.

Und überall begegnet uns jene klischeehafte Exotik, die den weiblichen Körper ins Märchenhafte und Romantische rückt, nur um die Frau zu einem verkleideten Objekt herabzuwürdigen. Wenn hier Nacktheit durchscheint, wird auch sie zu einer irrealen Nacktheit, sie bleibt vollkommen verschlossen wie ein schöner Gegenstand, der wegen seiner

Ferne und Extravaganz im Vergleich zu allem Menschlichen flüchtig und abstrakt erscheint. In der Mode wird alles, was weiblich, verführerisch und einladend ist, von jener Atmosphäre zarter Reinheit umgeben, die die Weiblichkeit verriegelt wie das gepanzerte Schaufenster einen Juwelierladen. Wie ein kostbarer Edelstein wird die Frau ausgestellt und durch diese preziöse Zurschaustellung zwangsläufig zu einem nutzlosen Gegenstand erniedrigt.

Die angedeuteten, rhythmischen Hüftschwünge der Modelle auf dem Laufsteg sind, anders als die gängige Meinung will, durchaus kein erotisches Detail, wahrscheinlich sind sie sogar das Gegenteil: Sie dienen dazu, die Angst vor Unsittlichkeit zu beschwichtigen. Nichts könnte wirkungsvoller sein als die rhythmisch betonte Bewegung, eine tausendmal gesehene, rituelle Geste, um die beabsichtigte sexuelle Anspielung in der Monotonie aufzuheben. Denn hier spielt der Sex eine parasitäre Rolle und überdies aus so großer Ferne, daß er zumindest unwahrscheinlich wird. Die nackte Frau verschwindet hinter der eiskalten Gleichgültigkeit des routinierten Laufstegprofis, hochmütig flüchtet sie sich in die Sicherheit der Fertigkeiten, die sie beherrscht und die sie vollständiger bedecken als das Kleid, das sie trägt.

Dieser Typ Frau, rücksichtslos ausgestellt und betrachtet, sexuell vollkommen undifferenziert, entbindet uns zwar einerseits davon, das skandalöse Bild, das sie bietet, wirklich ernst zu nehmen, andererseits aber wird sie zum Vorbild für Millionen Frauen, die nicht mehr wissen, ob sie essen oder nicht essen, sich den Busen vergrößern oder verkleinern lassen, sich den Bauch zuschnüren oder den Hals verdrehen, ihr Gesicht braun pudern oder weiß übertünchen sollen. All diese Versuche zielen auf das Erreichen jenes platonischen Ideals von Weiblichkeit, das der zweideutige Blick der Mode irgendwo zwischen Asexualität und Anrüchigkeit plaziert und in Umlauf gebracht hat. Unbeholfen von der normalen Durchschnittsfrau imitiert, führt es zu den Totenmasken und tristen, leeren Augen, bei denen die Suche nach der subtilen Essenz der Schönheit unweigerlich die letzten Spuren einer möglichen Schönheit getilgt hat, die noch Elemente der Verführung in sich tragen könnte.

Verführung wirkt, indem sie andeutet, was verborgen ist, oder, wie Roland Barthes sagt, sie entsteht durch das ‹Darunter›, das «Sichtbarwerden des Unsichtbaren»[79]. Es scheint wirklich so, als würden die Kleidungsstücke von einer Art Zentrifugalkraft erfaßt, durch die das Innere unentwegt nach außen getrieben wird, um sich, wenn auch nur teilweise, am Hals, an den Handgelenken, vor der Brust oder am Rocksaum zu zeigen und jenen schwebenden Zustand zwischen *sichtbar* und *verborgen* hervorzurufen, in dem sich ästhetisches und erotisches Spiel verbinden und die Regel gilt, das Verborgene zu zeigen, ohne sein Geheimnis zu enthüllen. Als getreue Interpretin des Freudschen Grundsatzes «Wo es Tabu gibt, gibt es Begehren»[80] setzt die Mode bei ihrer Verführung auf die der Kleidung wesenseigene Zweideutigkeit und ihre Aufgabe, Nacktheit zu zeigen und zugleich zu verstecken.

Und doch lenkt nichts den Sexualtrieb besser von seinem natürlichen Ziel, der geschlechtlichen Vereinigung, ab als das erotische Spiel der verführerischen Täuschung. Sie hält ihn in dem ästhetischen Raum gefangen, der von der Darbietung des *Verborgenen*, der paradoxen Betonung des *Geheimen* lebt und sich darin erschöpft. Allein weil das Kleid bedeckt, weckt es das unbezwingliche Bedürfnis zu entdecken. Diese Neugierde verlangt nach immer neuen Kunstgriffen des Bedeckens und Entdeckens, damit die Versuchung, die dazu neigt, das sexuelle Ereignis in jedem Augenblick vorwegnehmend zu absorbieren, nicht nachläßt.

Zu trennen und wieder zu vereinigen sind keine Tätigkeiten der Körper mehr, sondern spielerische Gesten der Kleidungsstücke, die Sexualität simulieren und sie der Realität entziehen, um sie in einem imaginierten Raum aufzulösen. Das Kleid «ohne Nähte» simuliert einen Körper, der in seine Stoffhülle eingedrungen ist, ohne Spuren zu hinterlassen. Durch die Art, wie sie die Stoffbahnen auftrennen oder nicht auftrennen, wieder zusammensetzen oder aufgelöst lassen, greifen die Abweichungen von der fließenden Kontinuität des Stoffes stark in das Spiel der Simulation ein. Damit erzeugen sie jene Diskontinuität des Kleidungsstücks, durch die der Körper sich entweder zeigt oder ausweicht. Durch das Spiel mit Öffnungen und Nähten läßt sich das Kleid mal hier, mal dort lösen und verschwindet teilweise, um dann wieder mit der Nacktheit des Körpers zu spielen, der sich jedoch immer weiter entzieht, um sich endgültig dem narzißtischen Spiel der Verführung zu überlassen.

Zu dieser Art Verführung sind wir gelangt, weil der Körper von zwei Fesseln befreit wurde, die seinen Gang durch die Geschichte stets begleitet haben und in deren Verlauf wir den Körper als *Arbeitsinstrument* und als *Fortpflanzungsinstrument* kennengelernt haben. Von diesen beiden Aufgaben wurde im einen Fall der männliche, im anderen der weibliche Körper gekennzeichnet, sie haben ihren Sinn für das Leben definiert.

Das alles ist jetzt nicht mehr notwendig. Die Fortpflanzung ist immer unwesentlicher geworden, die Arbeit wurde zunehmend an Maschinen delegiert, darum haben wir immer häufiger mit Körpern zu tun, die keinen Normen mehr unterworfen sind. Sie spielen ein exzentrisches Spiel mit un-

absehbaren Bedeutungen, bei dem sie ihren Sinn auf Fluchtlinien hin dezentrieren, an denen das Wertesystem, das die
Tradition auf den Körper als Arbeits- und Fortpflanzungsinstrument aufbaute, verlorengeht.

Doch auch wenn der Körper heute für ganz verschiedene
Funktionen offen ist, läßt er sich durchaus noch als produk-
tive Kraft einsetzen. Und das geschieht, indem man Wünsche kanalisiert und das Schauspiel der Verführung im Hinblick auf die Produktion inszeniert. In unserer Gesellschaft,
die den Körper als Mittel der Arbeit und Fortpflanzung
nicht mehr kennt, ist jeder «befreite» Körper nämlich nur
deshalb befreit, weil er bereits vom allgegenwärtigen Markt
und von der Macht seiner Sprachregelungen gefangen-
genommen wurde.

Diese «Befreiung» wird tatkräftig unterstützt von jener
Literatur über den Körper, der es mitnichten darum geht,
ihm zur Entfaltung seiner Ausdrucksmöglichkeiten zu ver-
helfen. Sie will ihn für eine Emanzipation mobilisieren, deren einziges Ziel seine rationellere und gründlichere Aus-
beutung ist. Diese «Entdeckung des Körpers», die sich als
Voraussetzung für seine Befreiung ausgibt, wird daher be-
nutzt, um den Körper dem homogenen, einheitlichen Raum
des Wirtschaftssystems und seiner Produktion dienstbar zu
machen.

Seit dieses System am Körper als *arbeitender Kraft* nicht
mehr interessiert ist, nutzt es seine *begehrende Kraft* und verführt ihn mit dem Versprechen, Wünsche wie Schönheit,
Jugend, Gesundheit und Sexualität zu befriedigen – den
neuen käuflichen Werten. Hergerichtet für das Schauspiel
der Verführung, wird der Körper zur verherrlichten Instanz,
zum ideologischen Heiligtum, wo dem Menschen die letzten Spuren seiner Selbstentfremdung ausgetrieben werden.

Die Religion der Spontaneität, der Freiheit, der Kreativität und der Sexualität quillt über vor Produktivität; auch die vitalen Funktionen treten sofort als Funktionen des wirtschaftlichen Systems auf. Sogar die Nacktheit des Körpers, die vorgibt, emanzipiert und fortschrittlich zu sein, ist weit davon entfernt, zu einer von Kleidern, Tabus und Modediktaten unabhängigen Natürlichkeit zurückzufinden, sondern bleibt als universales Äquivalent des Konsumschauspiels etwas dem Körper Äußerliches. Ihre eindeutigen Zeichen sind Botschaften in der Sprache gesteuerter Bedürfnisse und manipulierter Wünsche.

Die Massenkultur unserer Gesellschaft vereinheitlicht die Ideologien und Systeme des kulturellen Überbaus. Sie bedient sich der Verführung, um jenen sozialen Schichten, denen die finanziellen Mittel fehlen, Produkte anzubieten, von denen diese meist nicht mehr als die Bilder konsumieren. Aber auch dort, wo es an finanziellen Möglichkeiten nicht mangelt, bezieht sich das inzwischen genormte Begehren nicht auf die Gegenstände selbst, sondern auf die *viel komplexeren Bilder*, welche die erworbenen Gegenstände mittels der Verführung suggerieren. Und häufig werden nur diese Bilder konsumiert.

Das Bild aber ist die Aussage, die gestohlen und zurückgegeben wurde. Roland Barthes macht hier eine Einschränkung: «Nur ist die zurückgegebene Aussage nicht mehr ganz dieselbe, die man entwendet hat: beim Zurückgeben hat man sie nicht genau wieder an ihren Platz gestellt.»[81] In diesem blitzschnellen Diebstahl, in diesem Augenblick, in dem die Fälschung stattfindet, liegt die trügerische Wirkung der Verführung, die den für die Einbildungskraft inszenierten Körper in die Falle gehen läßt.

Die wahre Verführung ist nämlich nur möglich, wenn der

Körper seine ganze *Vieldeutigkeit* behält und sich nicht auf die eindimensionale Bedeutung des Sexes reduziert, auf die er in unserer heutigen Kultur kodiert wurde. Diejenigen, die die Sexualität in den Vordergrund rücken, die sie «befreien» wollen, empören sich über die Geschichte ihrer Repression. So ist Foucault überzeugt: «Lange Zeit hindurch, heißt es, haben wir ein viktorianisches Regime ertragen, und wir leiden immer noch darunter. Im Wappen unserer Sexualität steht zuchtvoll, stumm und scheinheilig die spröde Königin.»[82] Was sich Foucault und die anderen nicht bewußtmachen, ist, daß sie mit ihrem «Willen zum Wissen» trotz ihrer löblichen Absichten nichts anderes tun, als die Vieldeutigkeit des Körpers erneut zu neutralisieren, um ihn auf die eine Bedeutung des Sexes zu reduzieren. Darum beschränkt sich die «sexuelle Befreiung» im allgemeinen auf die Befreiung von der Kleidung, die ihrerseits ohnehin schon weit davon entfernt ist, den Körper zu bekleiden, sondern durch und durch mit Sexualität besetzt ist.

Ein Vergleich mit primitiven Völkern verdeutlicht diese Tatsache. Sie gingen nackt umher, weil ihr ganzer Körper Gesicht war, das heißt symbolischer Ausdruck von Körpern, die, wenn sie einander anblickten, all ihre Bedeutungen austauschten. Und diese gingen in einer wechselseitigen Beziehung auf, ohne sich ausschließlich auf Sexualität zu beziehen. Bei uns ist nur das Gesicht unbedeckt, weil wir den übrigen Körper ausdruckslos gemacht haben, indem wir ihn gänzlich dem Bereich sexueller Bedeutungen ausgeliefert haben.

Und wenn die Verführung den Spielraum ihrer Ausdrucksmöglichkeiten auf sexuelle Bedeutungen beschränkt, schnürt sie einem Körper, der schon vor langer Zeit ausdruckslos gemacht wurde, nur noch mehr Luft ab. Denn trotz der Verführungsspielchen oder vielleicht gerade durch sie hat man ihm seine Sprache geraubt: die Vieldeutigkeit, also seine Fähigkeit, all jene Bedeutungen zu tragen, die noch nicht vom normierten Code besetzt wurden.[83]

10.

Liebe und Scham

DIE BESONDERHEIT DES INDIVIDUUMS UND DIE ANGST VOR DER VERALLGEMEINERUNG

Kein Gott und kein Tier vermag sich zu schämen. Aber der Mensch muß es.

Max Scheler *Über Scham und Schamgefühl*

Gott kennt keine Scham, weil er keinen Körper hat. Das Tier kennt keine Scham, weil es kein Bewußtsein von seiner Individualität hat. Der Mensch, der über einen Körper und auch über Individualität verfügt, drückt in der Scham die spannungsreiche Dialektik dieser beiden Dimensionen aus, die ihn zutiefst prägen und schier zerreißen.

In jedem von uns wohnen nämlich zwei Subjektivitäten. Eine, die *Ich* sagt und mit der wir uns gewöhnlich identifizieren, und eine andere, die uns um der Erhaltung der Menschheit willen zum *Vertreter der Spezies* macht. Die Liebe, die auf beiden Registern unserer Subjektivität spielt, will, daß unser Ich liebt und geliebt wird, denn dieses Ich macht uns zuinnerst zum Individuum und errichtet die Schranke der Scham gegen die allgemeine, nicht individualisierte Sexualität.

Darum küssen Prostituierte ihre Kunden nicht. Sie bieten ihren ganzen Körper bedingungslos an, wissen aber, daß sie nicht als Individuum gesehen und begehrt werden. Also trennen sie die Sexualität, die die *Lust* will (mit der die

Spezies das Individuum ködert, um ihren Fortbestand zu sichern), von der Sexualität, die das *Individuum* in seiner unverwechselbaren Eigenart begehrt.

Das gleiche gilt für den Mann oder die Frau, die sich dagegen wehren, wie irgendein anderer Mann oder irgendeine beliebige Frau geliebt zu werden. In ihrer Weigerung wirkt die Scham als außerordentlich präzises Kriterium, an dem die Dynamik der beiden Arten von Sexualität sich messen läßt: die von den Erfordernissen der Spezies gesteuerte Sexualität, die das Individuum ignoriert, und die vom Individuum gesteuerte Sexualität, die genau diesen einen anderen und niemanden sonst will. Wir können also sagen, *daß sich das Individuum mittels seines Schamgefühls davor schützt, in der animalischen Allgemeinheit unterzugehen,* in der es sich selbst aufgeben und als bloßen Vertreter der Spezies wahrnehmen müßte.

Es stimmt also nicht, daß die Scham die Sexualität *einschränkt,* sie *individualisiert* sie vielmehr und entzieht sie jenem verallgemeinernden Gestus, der Lust unter Mißachtung des Individuums zelebriert. Hierauf gründet die Weigerung, sich hinzugeben, bevor die Liebe nicht gewiß und bewiesen ist. Und dies vor allem bei der Frau, die eine engere Verbindung zu ihrem Körper und zum Fortpflanzungstrieb hat als der Mann, weshalb es ihr schwerer fällt, sich als einzigartiges, mit anderen Frauen nicht zu verwechselndes Individuum wahrzunehmen.

Das Schamgefühl ist jene Fähigkeit, die, ausgehend vom Sexualtrieb, der für sich genommen zur Erhaltung der Spezies genügt und darum wahllos sein kann, jemanden *wählt,* der als Individuum über die Erfordernisse der Spezies hinaus individuellen Bedürfnissen genügt. Dieser wird bis in sein Inneres als einzigartiges Wesen wahrgenommen.

Wenn das «Innerste» das ist, was man dem Fremden verweigert, um es demjenigen zu öffnen, dem man Zutritt zur eigenen, oft nicht einmal selbst ergründeten Tiefe gewähren möchte, dann schützt die Scham nicht nur unser Innerstes, sondern auch unsere *Freiheit*. Die Scham schützt sie in jenem Kernbereich des Selbst, wo unsere persönliche Identität entscheidet, welche Art von *Beziehung* wir mit dem anderen eingehen wollen. Scham hat also nichts mit Kleidern oder Unterwäsche zu tun, sondern ist eine Art Wachsamkeit, mit der man über den Grad der Öffnung oder Verschlossenheit gegenüber dem anderen entscheidet. Man kann ja nackt sein, ohne das geringste zu gewähren, ohne dem anderen den kleinsten Blick auf die eigene Seele zu gönnen. Die Nacktheit unseres Körpers sagt noch nichts über unsere Verfügbarkeit für den anderen.

Da wir den anderen jedoch unvermeidlich ausgesetzt sind und unter ihren Blicken zwangsläufig zum Objekt werden, ist die Scham der Versuch, die eigene Subjektivität zu bewahren, um auch in Gegenwart der anderen insgeheim man selbst zu bleiben. Und hier verbindet sich die *Intimität* mit der *Diskretion*, denn wenn Intimität mit einem anderen Menschen bedeutet, dem anderen unvermeidlich ausgeliefert zu sein, sollte man auch in der Intimität diskret sein und das eigene Innere nicht rückhaltlos offenbaren. So erhält sich jenes Geheimnis, das, würde es vollständig entdeckt, nicht nur die Quelle der Faszination auslöschen, sondern auch die Umzäunung unserer Identität niederreißen würde, die dann nicht einmal mehr für uns selbst verfügbar wäre.

Adam und Eva wandelten in unschuldiger Nacktheit im irdischen Paradies, doch kaum hatten sie den Apfel vom Baum der Erkenntnis gekostet, «da gingen beiden die Augen auf, und sie erkannten, daß sie nackt waren»[84]. Ihre

Scham entspringt nicht ihrer körperlichen Nacktheit, sondern dem Blick Gottes, der sie *entblößt*. Erst nach diesem Blick wurden sie nackt, weshalb sie sich versteckten und flohen. Was bedeutet dieses Sich-Verstecken und Fliehen, was bedeuten die Feigenblätter, aus denen sie sich Lendenschurze machten, diese ersten primitiven Kleidungsstücke, die dazu dienten, die Scham zu verbergen? Sartre hat das genau erkannt:

> Die reine Scham ist nicht das Gefühl, dieses oder jenes tadelnswerte Objekt zu sein, sondern überhaupt *ein* Objekt zu sein, das heißt, mich in diesem verminderten, abhängigen und erstarrten Objekt, das ich für den Andern bin, *wiederzuerkennen*. Die Scham ist Gefühl *eines Sündenfalls*, nicht weil ich diesen oder jenen Fehler begangen hätte, sondern einfach deshalb, weil ich in die Welt «gefallen» bin, mitten in die Dinge, und weil ich die Vermittlung des Andern brauche, um das zu sein, was ich bin. Die Scham und zumal die Furcht, im Zustand der Nacktheit überrascht zu werden, sind nur eine symbolische Spezifizierung der ursprünglichen Scham: der Körper symbolisiert hier unsere wehrlose Objektheit. Sich bekleiden heißt seine Objektheit verbergen, heißt das Recht beanspruchen, zu sehen, ohne gesehen zu werden, heißt reines Subjekt sein. Deshalb ist das biblische Symbol des Sündenfalls die Tatsache, daß Adam und Eva «gewahr wurden, daß sie nackt waren».[85]

Im Licht der Sartreschen Interpretation ist Hegels Definition der Scham als «ein Beginn des Zorns über etwas, was nicht sein soll»[86], zutreffend, allerdings nicht in der Richtung, in die Hegel selbst sie führt. Die Scham verteidigt den Körper nämlich nicht vor seiner Nacktheit, die den Menschen an seine Verwandtschaft mit dem Tier erinnert, sondern vor der Verdinglichung zum Objekt, auf das er reduziert wird, wenn ein Blick ihn trifft und ihn damit seiner Subjektivität beraubt. Die Scham ist also die Rebellion des Körpers gegen den Verlust der eigenen Subjektivität, und die Kleider dienen als Schutz vor dieser Bedrohung.

Das sexuelle Begehren kennt keine wirklichen Begegnungen, es veranlaßt mich nicht dazu, meine eigene Subjektivität einzuschränken, um den erforderlichen Raum für das Erscheinen der Subjektivität des anderen zu schaffen. Das Begehren kennt Sättigung nur durch *Inbesitznahme*. In seinem Blick gibt es keine Spuren einer Erwartung, sondern nur die rastlose Gier, im anderen ausschließlich sich selbst zu begegnen. Wenn das Begehren einen Körper entblößt, tut es das, um sein Fleisch zu besitzen und ihm mit den Kleidern jede Spur von Subjektivität zu entreißen. Denn im Unterschied zum Blick der Liebe weiß der Blick des Begehrens der Subjektivität nicht entgegenzutreten.

Eingeschlossen in seine Einsamkeit, sättigt sich der Blick des Begehrens an den obsessiven, bedrückenden Bildern, die die Körper, ihrer Kleidung und der Anmut ihrer Gesten beraubt, als pure Trägheit des Fleisches darbieten. Darum kann Scham eine Art Rebellion sein oder, wie in den bereits zitierten Worten Hegels, der «Beginn des Zorns über etwas, was nicht sein soll». Was die Scham verteidigt, ist nicht der Geist vor der Vulgarität der Körper, sondern das *Leben des Körpers* vor der *Trägheit des Fleisches*, die Subjektivität eines lebendigen Körpers vor der peinlichen Verdinglichung des in Besitz genommenen Fleisches.

Sehr aufschlußreich ist in dieser Hinsicht Herodots Erzählung von Rhodope, die Hegel in dem Teil seiner *Ästhetik* kommentiert, welcher der Kleidung gewidmet ist.[87] Kandaules, der König der Lydier, gibt seine Gemahlin Rhodope nackt dem Anblick des Gyges, seines Vertrauten und Günstlings, preis, um ihm zu zeigen, daß sie die schönste Frau der Welt ist. Als Rhodope Gyges, der sich in ihrem Schlafzimmer versteckt hatte, heimlich davonschleichen sieht, empfindet sie Scham. Aufgebracht ruft sie ihn am nächsten Morgen zu sich. Um die Schmach zu tilgen, daß der Günstling *gesehen hat, was er nicht hätte sehen sollen*, bietet sie ihm folgende Alternative an: Entweder tötet er den König, um dann sie und das Reich zu besitzen, oder er muß selber sterben. Gyges wählt das erstere und besteigt nach der Ermordung des Königs den Thron und das Ehebett der Königin.

Rhodopes Scham und ihr «Zorn über etwas, was nicht sein soll», erfordern als Entschädigung den *Tod* desjenigen, der den ungebührlichen Blick provoziert hat, und die *Heirat* mit demjenigen, der ihren Körper mit seinem Blick um seine Subjektivität gebracht hat. Gyges kann der Überlegenheit, die er mit jenem heimlichen Blick erworben hat, nur entsprechen, indem er sowohl das Ehebett als auch das Reich in Besitz nimmt. Mit der Herrschaft über das Reich hebt er seinen niedrigen Rang auf, und mit der Herrschaft über das Ehebett tilgt er die Überlegenheit desjenigen, der ungesehen sieht.

Liebe ist nach Hegel die «Aufhebung aller Unterscheidung»[88], darum weiß Rhodope, daß sie die Subjektivität, die ihr abgenötigt wurde, wiedererlangen kann, indem sie sich unter dem Vorzeichen des Todes die Liebe desjenigen *aneignet*, der sie mit seinem Blick *ent-eignet* hat. Indem sie den heimlichen Blick in die Intimität des königlichen Ehebetts überführt, ermöglicht sie ihrem Körper, sich durch die Liebe, die Aufhebung aller Unterscheidung, erneut zu verhüllen, da die Blicke sich nun erwidern. Die Wechselseitigkeit nämlich bannt die Gefahr einer Verdinglichung des Körpers, seiner Entwertung zu einem Objekt, seiner Entfremdung durch den verborgenen Blick, der ihn heimlich beraubt und dem er schutzlos ausgeliefert ist.

Freilich ist die Scham, daran erinnert Max Scheler, «kein ausschließliches Geschlechtsgefühl»[89], die Scham hat auch eine gesellschaftliche Funktion, denn sie dient dem Schutz des Individuums vor dem *Öffentlich-Machen des Privaten*. In Gesellschaften wie der unseren ist die Öffentlichkeit das effizienteste Mittel, um den Individuen ihre «diskreten», «besonderen» und «intimen» Räume zu nehmen, in denen jener Vorrat an Gefühlen, Empfindungen und «eigenen» Bedeutungen aufbewahrt wird, der sich noch gegen die generelle *Vereinheitlichung* wehrt. Die Gleichmachung ist in unserer Massengesellschaft nämlich das Mittel, das der Macht eine bequemere Verwaltung der Individuen ermöglicht.

Zu diesem Zweck werden gewöhnlich die Medien eingesetzt, die mit zunehmender Hartnäckigkeit auf *indiskrete* Weise in die *diskretesten* Sphären des Individuums einbrechen. Es gelingt ihnen, nicht nur mit Tests, Fragebögen, Erhebungen, Statistiken, Meinungsumfragen und Marktforschungen, sondern auch und zumal mit intimen Bekenntnissen, Gefühlsausbrüchen in Livesendungen, Liebesgeschichten und bohrenden Durchforstungen des Privatlebens, das Individuum zur freiwilligen Preisgabe seiner Intimität, seiner diskreten Bereiche zu bewegen, indem es seine Gefühle und Erlebnisse öffentlich macht – und das alles mit einer Schamlosigkeit, die als Ausdruck von «Ehrlichkeit» gelobt wird.

So kommt es zu jener *Uniformität des Innenlebens*, zu der alle konformistischen Gesellschaften neigen. Ihre Verwalter sind hoch erfreut über diese Tendenz, löst sich doch die Intimität, sobald sie öffentlich gemacht wird, als solche auf und mit ihr unsere verborgene Subjektivität und unsere Freiheit in Beziehungen zu anderen. Wenn die Schranken fallen, die das Innere vor dem Äußeren schützen, die Innerlichkeit vor der Veräußerlichung, wird die Seele eines jeden von uns in gewisser Weise *entpsychologisiert*, und zu dieser Entpsychologisierung trägt jeder aktiv bei, der sich «freizügig» zur Schau stellt.

Die Schamlosigkeit ist mittlerweile zu einer Tugend geworden. Nichts zu verbergen zu haben, nichts zu haben, dessen man sich schämen muß, mit der Hand am Reißverschluß zu jeder Art Interview, jedem öffentlichen Bekenntnis, jeder Offenbarung der Intimsphäre bereit zu sein, wird heutzutage als Ausdruck von Aufrichtigkeit gehandelt. Scham dagegen gilt als Symptom von Unaufrichtigkeit, wenn sie nicht gar, vor allem mit Hilfe der Psychologen, zum Symptom von Introvertiertheit und Verschlossenheit, also von Verklemmung und Unterdrückung, gemacht wird. Hemmungen und Unterdrückung aber, heißt es in den Handbüchern der Psychologie, sind ihrerseits Symptome einer mißlungenen sozialen Anpassung. Und so erscheint die Scham letztlich als Ausdruck einer gescheiterten Sozialisation.

Unser Leben, das intime, das verborgene, das von der Scham geschützte Leben, droht demnach genauso zum Gemeineigentum zu werden, wie der Körper es schon geworden ist. Das, was früher einigen Diven vorbehalten blieb – sich Busen und Po messen zu lassen und die entsprechenden Maße zusammen mit ihrem Foto zu veröffentlichen –, beschäftigt mittlerweile alle Mädchen, die nicht als verklemmt gelten wollen. Ebenso ist es beim Sex, dem unaufhörlich Artikel und Sendungen gewidmet werden, damit alle Welt die

Freuden und Leiden des Schlafzimmers kennenlernt. Überdies sind solcherlei Artikel und Sendungen wie vertrauliche Ratgeber aufgemacht, als würden sie nur dir allein gelten, statt einer Million Augen und Ohren, die danach gieren zu erfahren, was sie alleine nicht mehr zu entdecken vermögen.

Doch wenn die Instanzen des Konformismus und der Gleichmacherei jedes Geheimnis gelüftet, alles für jeden sichtbar gemacht, jede Innerlichkeit wie ein Hindernis aus dem Weg geräumt, jede Reserviertheit wie einen Verrat bekämpft haben, damit keiner mehr in Häusern und Büros lebt und arbeitet, die nicht gläsern sind, wenn alle die freiwillige Selbstentblößung als Aufrichtigkeit, ja sogar als Zeichen psychischer Gesundheit feiern, dann ist, wie Heidegger sagt, «das Entsetzliche schon geschehen»[90]: die totale Vereinheitlichung der Gesellschaft bis hinein in die Intimität der einzelnen Individuen.

Darum ist es geboten, die Scham wieder in ihre Rechte einzusetzen. Nicht nur, um die Sexualität jener Verallgemeinerung zu entziehen, bei der die Lust unter Mißachtung des Individuums gelebt wird, sondern auch und vor allem, um das Individuum aus jenen Prozessen der Uniformierung zu befreien, bei denen jeder von uns riskiert, seinen eigenen Namen zu verlieren.

11.

Liebe und Eifersucht

DAS AUFBLITZEN DER EIFERSUCHT UND DAS GEFÄNGNIS DES VERDACHTS

Schützt Euch vor Eifersucht! Sie ist das grünäugige Ungeheuer, das unser Fleisch verhöhnt, eh es uns frißt.

William Shakespeare *Othello*

Eifersucht enthält mehr Eigenliebe als Liebe.

François de la Rochefoucauld *Maximen und Reflexionen*

Ursprünglich war die Eifersucht vielleicht gar nicht mit der Liebe verknüpft, sondern eine notwendige Fähigkeit, welche die Bedingungen fürs Überleben sicherte. Mit der Eifersucht schützte sich der Mann, der den Körper der Frau immer als sein Eigentum betrachtet hat, davor, Kinder aufzuziehen, die nicht seine eigenen waren, während die Frau sich durch die Eifersucht des Mannes Nahrung und Sicherheit für sich und die Kinder gewährleistete.

In armen Gesellschaften, wo dem Erhalt der Kleinfamilie unter den Bedingungen einer Subsistenzwirtschaft entscheidende Bedeutung zukommt, ist die Eifersucht noch heute eine Empfindung, die eine objektive Schutzfunktion für die Gemeinschaft besitzt, da es sie vor störenden zwischenmenschlichen Konflikten bewahrt. Wo hingegen der gesellschaftliche Reichtum zunimmt und der Lebensunterhalt immer weniger von der Stabilität familiärer Bindungen abhängt, wird die Eifersucht als ein veraltetes Gefühl angesehen, das die Freiheit und die Ehrlichkeit des einzelnen behindert.

Doch auch in einer wohlhabenden Gesellschaft lassen unterschiedliche Ideologien dieses elementare Gefühl in einem widersprüchlichen Licht erscheinen. So gibt es zum Beispiel das inzwischen verbreitete Prinzip der offenen Ehe, das auf der Überzeugung gründet, eine Vielfalt sexueller Beziehungen garantiere Glück und Gesundheit. Aus dieser Perspektive wird die Ehrlichkeit, mit der man sich offen zum Seitensprung bekennt, gleichbedeutend mit Transparenz, während Unehrlichkeit darin besteht, Dinge geheimzuhalten. Unter solchen Voraussetzungen ist Treue keine Tugend mehr, sondern stellt sich nur mehr als Symptom besitzergreifenden Verhaltens dar.

Andererseits sieht die Ideologie des Wachstums, der Effizienz und der Selbstverwirklichung in der Treue eine notwendige Bedingung für jenes ruhige häusliche Leben, das den einzelnen Familienmitgliedern gestattet, sich ungestört ihrer Selbstbestätigung im gesellschaftlichen Leben zu widmen. Ein Opfer der Gefühle im Tausch gegen Erfolg und Anerkennung.

Jede Tugend und jedes Laster haben mithin ihren ideologischen Überbau, der dem einzelnen erlaubt, sein Leben, wie immer er es gestaltet, im besten Licht erscheinen zu lassen. Niemandem wird das aufregende Gefühl verweigert, sich auf unerforschtem Gebiet zu bewegen, obwohl im Grunde jeder weiß, daß sein Bewegungsspielraum durchaus begrenzt ist.

In diesem Raum, der Gesellschaft, in der wir leben, ist das vollständige Verschwinden von Eifersucht nicht unbedingt erwünscht, garantiert sie doch jene Ausschließlichkeit der

Liebesbeziehungen, von der die gesellschaftliche Ordnung profitiert. Ähnlich wie die Gesellschaft den Wert des Eigentums bekräftigt, indem sie Diebstahl unter Strafe stellt, ähnlich wie sie den Stellenwert guter Manieren unterstreicht, indem sie mit Verlegenheit auf schlechtes Benehmen reagiert, betont sie den Wert ausschließlicher Liebe, indem sie die Eifersucht auf einen Eindringling gutheißt und in ihr ein Zeichen wahrer Liebe erkennt.

Die Argumente der Vernunft kommen indes bekanntermaßen immer erst nach denen des Gefühls, und sie lassen sich von allen erdenklichen Rechtfertigungen leiten. Man könnte darum durch einfaches Umkehren der Beweisführung mit derselben Logik behaupten, daß der Diebstahl ebensowenig zwingend notwendig sei für den Erhalt des Eigentums wie die Eifersucht für die Bestätigung wahrer Liebe.

Doch wo entsteht die Eifersucht? Freud zufolge hat ihr Drama seine Wurzeln im Ödipuskomplex, wenn das Kind sich im Alter von vier bis sechs Jahren mit dem gleichgeschlechtlichen Elternteil identifiziert und im selben Augenblick eifersüchtig auf ihn ist, weil es den andersgeschlechtlichen Elternteil für sich allein haben will. Dieser entscheidende Konflikt in der kindlichen Entwicklung hat seine mehr oder weniger prägnanten Auswirkungen im Erwachsenenalter. Die frühe ausschließliche Liebe zum andersgeschlechtlichen Elternteil wird nämlich jedesmal wieder erlebt, wenn man fürchtet, die Liebe des Menschen zu verlieren, von dem man emotional abhängt. Das darf nun nicht so verstanden werden, als wären die kindlichen Erlebnisse die «Ursache» für die erwachsenen Gefühlserlebnisse. Die kindlichen Erlebnisse prägen vielmehr die «Art und Weise», wie wir als Erwachsene unser Gefühlsleben erfahren.

Ausgehend vom Ödipuskomplex, erklärt Freud auch, warum manche Menschen im Zustand der Eifersucht ihren Zorn gegen den Partner, andere wiederum gegen den Rivalen richten. Erstere sind noch im Ödipuskomplex befangen, sie haben Angst vor dem Vater und stürzen sich darum auf die Mutter, die sich hinter der Frau verbirgt, die ihre Eifersucht erregt hat. Die anderen sind reifer, das heißt, sie haben die Angst vor dem Vater überwunden und richten ihre Aggressionen daher gegen den männlichen Rivalen.[91]

In jedem Fall muß man auf die Kindheit zurückgehen, nicht nur weil wir, um erwachsen zu werden, auf unseren Wunsch nach exklusivem Besitz der Mutter oder des Vaters verzichten mußten, sondern auch weil jeder von uns in seiner Kindheit die Erfahrung gemacht hat, daß man vor Einsamkeit und aus Angst vor dem Verlassenwerden vollkommen verzweifeln kann. Wie Aldo Carotenuto einmal geschrieben hat: Die Angst, daß niemand uns beschützen könnte, oder die schreckliche Unsicherheit, womöglich abgelehnt und verlassen zu werden, sind die Alpträume der Kindheit, aber auch die Gespenster des Erwachsenenalters.[92]

In der Eifersucht hallt das Echo von Erfahrungen des Verlassenseins aus der Kindheit nach, und weil das Kind von damals in uns lebendig bleibt, durchleben wir sie auf kindliche Weise noch einmal, wenn wir denjenigen, der uns die Ausschließlichkeit unserer Liebe genommen, oder denjenigen, der sich dieser Ausschließlichkeit entzogen hat, «töten» wollen. Das Verlangen nach Ausschließlichkeit hängt mit dem Bedürfnis zusammen, einzigartig und auserwählt zu sein. Unsere Einmaligkeit wird vom Verdacht der Untreue in Frage gestellt, was die Selbstachtung und das Vertrauen darauf, liebenswert zu sein, schwächt. Damit leben die kindlichen Gefühle der Verlassenheit wieder auf, und durch diese Regression schließt sich der Kreis, indem er der eigenen Geringschätzung immer neue Nahrung gibt.

Umgekehrt stärkt die Untreue das Selbstvertrauen dessen, der den Treuebruch begeht, sie belebt seinen kindlichen Narzißmus, da er sich erwählt und bevorzugt sieht, ob das nun realen Kindheitserlebnissen entspricht oder nicht. Oft ist es gerade diese narzißtische Befriedigung, diese Selbstliebe, die nichts mit der Liebe zu einem anderen Menschen zu tun hat, die in Seitensprüngen gesucht wird. Das gilt vor allem für Frauen, die, wie der Sexualforscher Willy Pasini behauptet, im Lauf der Evolution gelernt haben, mit der narzißtischen Befriedigung und mit dem Bedürfnis nach neuen Verliebtheitsgefühlen die krude Tatsache zu verdecken, daß Untreue das Potential weiblicher Fruchtbarkeit steigert.[93]

Vor dieser Möglichkeit schützte sich der Mann der Frühzeit, auch ohne es zu wissen, mit Formen des Besitzanspruchs, die auch heute noch in einigen Kulturen lebendig sind, zum Beispiel durch die Überprüfung der Jungfräulichkeit der Frau oder durch die grausame Praxis der Verstümmelung ihrer Genitalien. Diese Form der «präventiven Eifersucht», die das Besitzdenken stimuliert, wirkt bis heute im Unterbewußtsein der sogenannten entwickelten Gesellschaften fort. Trotz aller Verhütungsmittel quält uns die Eifersucht noch genauso wie unsere Vorfahren.

Eifersucht ist eine Qual; unsere Wahrnehmung, die Aufmerksamkeit, das Gedächtnis, das Denken und das Verhalten verändern sich. Wie die Psychologin Valentina D'Urso beschreibt[94], wird die *Wahrnehmung* überaus präzise und konzentriert sich auf alles, was direkt oder indirekt den geliebten Menschen und unsere Rivalen betrifft, ob diese nun wirklich, möglich oder eingebildet sind. Außerdem intensiviert sich die *Aufmerksamkeit* in abnormer und selektiver Weise, während das *Gedächtnis* hochgradig selektiv wird und selbst winzige, normalerweise bedeutungslose Begebenheiten nicht vergißt, wie zum Beispiel den Zeitpunkt eines Telefonats, Unstimmigkeiten bei dem, was erzählt wird, oder eine ungewöhnliche Sorgfalt in der Wahl der Kleidung. Das *Denken* erfährt eine tiefgreifende Veränderung, es kreist von nun an unablässig um die Vorstellung der Untreue und kann dabei bis an die Schwelle zum paranoiden Wahn geraten, wo selbst die unschuldigsten und nebensächlichsten Ereignisse als unwiderlegbare Beweise dafür aufgefaßt werden, daß die eigene Eifersucht absolut gerechtfertigt ist.

Wenn das Denken zum besessenen Grübeln wird und alles als Grund für Verzweiflung dient, wird der Belagerungszustand, in den der Eifersüchtige sich selbst versetzt hat, erstickend. Dann treten außer den Drohungen und Befragungen zunehmend auch flehende Bitten, Schwüre ewiger Liebe auf, freilich abrupt unterbrochen durch Beleidigungen, Bekundungen von Verachtung und Wutausbrüchen. All das sind Zeichen eines zutiefst zwiespältigen Gefühlszustands, der das Denken wirr und das Verhalten widersprüchlich macht.

Dies alles erschüttert das Bild, das man von sich selbst als vernünftigem, konsequentem Menschen hat, und damit wird die Schwelle überschritten, hinter welcher der Eifersüchtige nicht nur den geliebten Menschen, sondern auch sich selbst verliert, weil er in dem Gefühlschaos aus Wut, Schmerz, Verlassenheit, Empörung und Kränkung versinkt, das den Verlust an Selbstachtung unvermeidlich begleitet.[95]

Diese Gefühle sind die Kehrseite der Leidenschaft, der

Intimität und Hingabe, welche die Liebe kennzeichnen. Denn wer eifersüchtig ist, pflegt die Liebe mit dem Bedürfnis nach Besitz zu verwechseln, das einen Mangel ausgleichen soll und sich nicht anders ausdrücken kann als in Form einer abhängigen, regressiven, infantilen Liebe. Hier offenbart sich die Instrumentalisierung der Liebe, die sich selbst mißversteht, weil sie das Geben verlernt hat und lediglich die Befreiung aus der eigenen Leere fordert.

Wenn Eifersucht die Seele zu erdrosseln droht, neigen Männer dazu, die fixe Idee, von der sie besessen sind, nach außen zu tragen und das Problem auf den Tisch zu bringen, indem sie ihrem Rivalen entgegentreten oder ihre Partnerin angreifen, die im Unterschied zum Rivalen eine Frau und überdies in unmittelbarer Reichweite ist. Die weiblichen Reaktionen hingegen neigen eher zur Verinnerlichung des Leidens mit entsprechenden Depressionen, Unsicherheiten und nicht selten Selbstbeschuldigungen. Und das liegt weniger am unterschiedlichen Gefühlsleben von Mann und Frau als an der ungleichgewichtigen Machtverteilung. Wie Peter van Sommers bemerkt, befinden sich Frauen und ihre Kinder im allgemeinen in einer deutlich abhängigeren Lage, und ihr relativer Mangel an wirtschaftlichen Mitteln und selbständigen Arbeitsmöglichkeiten wirkt sich hemmend auf ihr Verhalten aus. [96]

Wenn es zutrifft, daß Eifersucht aus dem ältesten Teil unseres Gehirns stammt[97], ja vielleicht sogar aus unserer Verwandtschaft mit den Tieren herrührt, wie die Hahnenkämpfe, die Raufereien zwischen Katern, die Balzduelle von Hirschen nahelegen könnten[98], dann schützt man sich nicht vor der Eifersucht, indem man sich für immun hält und sie leugnet. Statt dessen sollten wir sie «zivilisieren», wie Pasini schreibt[99], das heißt, *Liebe* vom *Besitzdenken* trennen, um uns von jener Gier zu befreien, die Liebende sagen läßt: «Ich habe dich zum Fressen gern.»

Dieser «Liebeskannibalismus», der das geliebte Wesen verschlingen möchte, damit es einem von niemandem mehr genommen werden kann, wird zur mörderischen Gewalt, wenn er die metaphorische Ebene verläßt. Dann bleibt von einer großen Liebesgeschichte womöglich nur ein Zeitungsartikel mit einem Foto des lächelnden, ahnungslosen Opfers. Jemand hat das Ende einer Liebe mit dem Nichts besiegeln wollen.

Angesichts solcher Konsequenzen der bis zum äußersten getriebenen Eifersucht verstehen wir einerseits die weitverbreitete Tendenz, eifersüchtige Menschen zu verurteilen, und andererseits den Grund, warum sogar der Eifersüchtige selbst versucht, seine Eifersucht zu verbergen. Denn ihm schlägt in jedem Fall Mißbilligung entgegen, auch wenn sein Wehklagen mal mehr, mal weniger Mitleid hervorruft. Wenig rührt zum Beispiel das Jammern des eifersüchtigen Alten um seine junge Frau oder die Klage der jungen Geliebten wegen der Untreue ihres älteren Liebhabers, der den Altersunterschied mit sozialem Status und Macht kompensiert.

Das erklärt, warum der Betrogene trotz seiner Unschuld und seines Leidens meist zum Gegenstand von Spott und Hohn wird. Als er sich auf seinen Partner einließ, hat er die üblichen Regeln gebrochen, die bestimmen, wann eine Paarbeziehung in bezug auf den sexuellen oder gesellschaftlichen Wert der Partner asymmetrisch ist und Eifersucht nicht ernsthaft in Betracht gezogen werden darf. Wer sich unter solchen Umständen dennoch eifersüchtig zeigt, gilt als pathetisch und ist in den Augen der Umwelt zurecht bestraft worden. Er hat es gewagt, bestimmte Konventionen herauszufordern, hat sich zuviel auf sich selbst eingebildet und erhält nun den Lohn für sein unvorsichtiges Verhalten.

Was noch zu betrachten bleibt, ist die Tendenz, die eigene Eifersucht als ein übermächtiges, unvermeidbares Phänomen anzusehen, das von tiefer Treue zeugt, die Eifersucht der anderen hingegen für etwas Unreifes, das der Korrektur bedarf, zu halten. Diese zweischneidige Sichtweise erklärt, warum jemand, der untreu war, keinen Trost im Gedanken an seine eigenen Seitensprünge findet, wenn er später selbst betrogen wird. Das Gefühl der Eifersucht wiegt auf den beiden Seiten der Waage ungleich schwer, denn zwischen Eifersucht und Gerechtigkeit scheinen keine gleichwertigen Beziehungen zu herrschen.

Dennoch müßte es in der westlichen Gesellschaft möglich sein, das Gefühl der Eifersucht zu entschärfen, zumal der materielle Aufwand und die großen Investitionen an Verpflichtungen und Kräften, die einer Familie in unserer Gesellschaft abverlangt werden, eine Realität bilden, die sich nicht so leicht in der Hitze einer neuen Verliebtheit auflöst. Darum sehen wir nach dem Aufruhr der Gefühle manche, die sogar noch versuchen, die Putzbrocken des zerstörten Hauses einzusammeln, und andere, die sich gegenüber der Familie, die sie verlassen haben, so verhalten wie gegenüber einer Firma, von der man nach der Kündigung zurückverlangt, was man investiert hat.

Wenn die Liebe einen Preis hat, steht auch der Eifersucht eine Entschädigung zu. Hier finden die beiden Waagschalen zu ihrem Gleichgewicht. Denn die Liebe ist ein mächtiges Gefühl, eine gewaltige Kraft, und die Eifersucht ihr sozialer Kontrapunkt. Selbst wenn sie unbemerkt bleibt, läßt sie sich sowohl in den dunklen Geschossen unseres gesellschaftlichen Systems als auch in den geheimsten Winkeln unserer verschlungenen Seelengänge finden.

12.

Liebe und Verrat

Die dunkle Seite der Liebe und die Selbsterkenntnis

> Verrat. Ein großes Wort. Was ist Verrat? Man sagt, ein Mann verrät sein Vaterland, seine Freunde, seine Liebste. […] Ein Mensch kann nichts anderes verraten als sein Gewissen.
>
> Joseph Conrad *Mit den Augen des Westens*

Liebe gibt es nicht ohne die Möglichkeit des Verrats, so wie es den Treuebruch nur innerhalb einer Liebesbeziehung gibt. Nicht der Feind und noch weniger ein Fremder verrät uns, sondern Väter, Mütter, Söhne, Geschwister, Liebende, Ehefrauen, Ehemänner und Freunde. Nur sie können uns untreu werden, weil wir sie lieben. Untreue gehört zur Liebe wie die Nacht zum Tage.

Ein Tag, der die Nacht nicht kennt, der uns das Leben und die Liebe nur dort gewährt, wo wir vertrauen können, wo wir uns rundum geborgen, verstanden und zufrieden fühlen, wo wir nicht verletzt und enttäuscht werden können, wo Versprechungen niemals gebrochen werden, wäre kein richtiger Tag.

Es ist unwichtig, wen oder was wir zum Objekt unserer Liebe auserkoren haben: einen Mann, eine Frau, den Freund, die Familie, die Kirche, das Gesetz, unsere Nächsten oder sogar Gott. Adam, der aus dem Paradies vertrieben wurde; Hiob, den Gott nicht erhörte; Moses, dem der Eintritt ins

Gelobte Land verwehrt wurde; Jesus, der von Judas verraten und am Kreuz vom Vater verlassen wurde – dies alles sind symbolische Szenen, die zeigen, daß selbst Gott dem Menschen ein Leben in bedingungslosem Vertrauen verwehrt. Denn bei dieser Art Vertrauen kann es kein erkennbares Bewußtsein geben, welches das Wissen um Gut und Böse einschließt. Also müssen wir dem Bösen begegnen, und zwar ebendort, wo wir es nicht im entferntesten vermutet hätten: in unserem Urvertrauen.

Im Urvertrauen gibt es keine Spur des Bösen, ja nicht einmal den Verdacht, das Böse könnte existieren. Denn dort, wo die Wirklichkeit nicht in ihrer *zweifachen* Qualität erscheint, entstehen weder Fragen noch *Zweifel*. «Zweifach» und «Zweifel» gehören zur selben Wortfamilie. Der Zweifel, der das bisher nicht in Frage gestellte Urvertrauen zerbricht, entsteht aus der Erkenntnis, daß die Wirklichkeit zwei Seiten hat, aus der Entdeckung ihrer Schattenseiten neben dem Licht. Wie der Ursprung des Zweifelns und des Fragens fällt auch diese Entdeckung zusammen mit dem Entstehen des Gewissens, seinem Kampf zwischen der einen und der anderen Seite. Jung schrieb dazu: «Damit ist der Zweifel da, der die Zerspaltung der Ureinheit ausdrückt. [...] Daher muß das *Eine* durch ein *Anderes* ergänzt werden.»[100]

Doch hier darf kein Mißverständnis aufkommen: Nicht das Gewissen hat Zweifel, sondern es ist der Zweifel, als Entdeckung der zwei Seiten der Wirklichkeit, der das Gewissen offenbart. Descartes kann den Zweifel nur überwinden, weil er bei dessen Betrachtung vom *cogito*[101]ausgeht, weil er also niemals wirklich vom Zweifel beherrscht wird. Das «böswillige Teufelchen», das den Zweifel weckt, ist nur die Karikatur jener ursprünglichen Spaltung (*dia-bállein*) des Gewissens, das vom Moment seiner Entstehung an zwischen Gut und Böse, zwischen Wahr und Falsch hin- und hergerissen wird. Damit ist sein Ausgang aus dem Urvertrauen, dem Zustand, wo alles wahr, gut und schön war, besiegelt.

Der Verrat ist der Bruch des Urvertrauens und kennzeichnet den Moment, da das Bewußtsein entsteht, mit dem man sich von der kindlichen Glückseligkeit verabschiedet. Sie war unbekümmert, denn sie kannte das Böse nicht, jene dunkle Seite, die sich immer hinter dem besänftigenden Aussehen von Menschen, Situationen und Dingen verbirgt.

In seinem Aufsatz «Betrayal»[102] untersucht James Hillman die möglichen Reaktionen auf den Verrat, um zwischen denen, die hinderlich für das Bewußtsein sind, und jenen, die es befreien, zu unterscheiden.

Dazu gehört vor allem die *Rache*, eine von Gefühlen gesteuerte Antwort, die zwar die Rechnung begleicht, das Bewußtsein aber nicht befreit. Denn als spontane, unmittelbare Reaktion bedeutet die Rache lediglich den Abbau von Spannung, während sie als aufgeschobene Handlung, als Vorhaben, das eine günstige Gelegenheit abwartet, das Bewußtsein mit allerlei bösen, grausamen Phantasien beschäftigt und ihm jede andere Erfahrung unmöglich macht. Die Rache führt zur Verkrampfung der Seele.

Nicht anders wirkt der Mechanismus der *Ablehnung*. Wenn in einer Liebesbeziehung einer der Partner enttäuscht wird, entsteht die Versuchung, den Wert des anderen, der zuvor idealisiert wurde, zu leugnen. Man hat die Fehler des anderen nicht sehen wollen, als man verliebt war, nun, nach dem Treuebruch, verbannt man den anderen gänzlich in seine Schattenseiten. Zwei Exzesse, bei denen erst die blinde Liebe und dann der blinde Haß zeigen, wie infantil und primitiv unsere Seele ist.

Gefährlicher ist der *Zynismus*, der nicht nur den Wert des anderen leugnet, sondern sich darüber hinaus zu der Behauptung versteigt, Liebe sei immer eine Enttäuschung und die große Liebe eine Illusion für leichtgläubige Gemüter. Es ist der Versuch, die Wunde, die der Vertrauensbruch geschlagen hat, vernarben zu lassen. Aus den Scherben des Idealismus wird eine Philosophie des kruden Zynismus gebastelt, die für das, was einmal der eigene strahlende Stern war, nur noch ein Grinsen übrig hat.

Womöglich noch heikler als der Zynismus ist jedoch der *Verrat an sich selbst*, durch den ein Bekenntnis, ein Gedicht, ein Liebesbrief, ein phantastischer Plan, ein Geheimnis, ein Traum, kurzum alles, was den größten emotionalen Wert für uns besitzt, lächerlich erscheint und offen verhöhnt werden muß, weil man sich nicht für die Gefühle schämen will, die man einmal gehabt hat. Es ist eine seltsame Erfahrung, plötzlich erleben zu müssen, wie man sich selbst verrät und die eigenen, während der Zeit der Liebe empfundenen Gefühle als negative, törichte Ereignisse verächtlich behandelt.

Doch mit der Rache, der Ablehnung, dem Zynismus und dem Verrat an sich selbst sind wir noch nicht beim letzten Stadium angelangt, in dem wir, um uns vor der Gefahr zu schützen, daß wir erneut verraten werden, in ein *paranoides Verhalten* verfallen. Hierbei werden, um jede Möglichkeit des Verrats auszuschließen, vom Partner ewige Treueschwüre, Ergebenheitsbeweise und Gelöbnisse, das Geheimnis der Liebe zu wahren, gefordert. Solche Verhaltensweisen gehören eher in ein Gebiet, wo Macht ausgeübt wird, als in den Bereich der Liebe. Ein Ehemann, ein Geliebter, ein Schüler oder ein Freund, die sich bemühen, den Anforderungen einer paranoiden Beziehung gerecht zu werden, indem sie fortwährend Beweise ihrer Treue liefern, um jeden Verdacht auf Verrat im Keim zu ersticken, entfernen sich mit Sicherheit von der Liebe, denn Liebe und Verrat schöpfen aus derselben Quelle.

Gelingt es uns jedoch, eine Fixierung auf diese fruchtlosen Reaktionen zu vermeiden, kann die Erfahrung des Verrats ihre konstruktive und für die Entwicklung des Selbstbewußtseins außerordentlich förderliche Seite offenbaren. Bei Hillman, und im übrigen auch in der christlichen Tradition, findet sie ihren Ausdruck in der *Vergebung*. Sie akzeptiert den Verrat und überwindet ihn. So befreit Vergebung die Liebe von ihrer infantilen Seite, nämlich der Arglosigkeit einerseits sowie andererseits der Unfähigkeit zu lieben, sobald sich ein Schatten am Horizont zeigt. Hillman schreibt:

Ohne die Erfahrung des Verrats fänden weder das Vertrauen noch die Vergebung zu ihrer vollständigen Realität. Der Verrat ist die dunkle Seite des einen wie des anderen, das, was ihnen Bedeutung verleiht, was sie möglich macht.[103]

Kann man aber wirklich vergeben, wenn es stimmt, daß das Ich sich nur dank seiner Eigenliebe, seines Stolzes, seines Ehrgefühls am Leben erhält? Auch wenn wir wirklich ernsthaft vergeben wollen, müssen wir entdecken, daß es uns einfach nicht gelingen kann, weil der Impuls des Vergebens nicht aus dem Ich stammt. Statt Vergebung, die wahrscheinlich keine wirklich aufrichtige Geste ist, erscheint es mir darum realistischer, den Weg der gegenseitigen Anerkennung zu gehen. Hierbei darf derjenige, der betrogen hat, nicht versuchen, die Situation zu flicken, sondern muß die Spannung ertragen und sich im äußersten Fall mit bewußter Brutalität weigern, seine Tat zu rechtfertigen.

Die Weigerung, den Verrat zu erklären, bedeutet nicht, ihn zu verkennen, bleibt er doch in seiner rohen Wirklichkeit gerade auf diese Weise unbeschönigt. Die Erklärung soll vielmehr immer von der verratenen Seite kommen. Wer könnte sich, nachdem er betrogen wurde, die Erklärungen des anderen schon in Ruhe anhören?

Der kreative Anreiz, der im Verrat liegt, trägt nur dann Früchte, wenn der betrogene Teil den ersten Schritt macht, indem er selbst nach einer Erklärung für das Vorgefallene sucht. Notwendige Voraussetzung dafür ist, daß der Verräter sein Tun nicht zu entschuldigen, es nicht mit rationalen Erklärungen zu verharmlosen sucht. Denn dieses Ausweichen vor dem, was tatsächlich geschehen ist, ist die ärgste Beleidigung für den Betrogenen, und damit setzt der Verrat sich fort, ja er verschärft sich sogar.

Da die beiden noch in einer Beziehung verbunden sind, wenngleich in den neuen Rollen des Betrügers und des Betrogenen, können sie einander nur helfen, wenn der Betrüger die Grausamkeit des Verrats nicht durch verlogene Begründungen abschwächt und dem anderen erlaubt, selbst eine Erklärung zu finden. Denn nur so kann er von der seligen Unschuld des Urvertrauens, wo das Böse sich niemals auch nur von weitem abzeichnet, in jenes erwachsene Bewußtsein überwechseln, welches weiß, daß Gut und Böse ineinander verkettet sind, daß Lust und Schmerz, Fluch und Segen, Licht und Schatten sich unauflöslich verflechten. Denn alle Dinge sind ineinander verwoben und verschränkt, es gibt keine eindeutige, sichtbare Trennlinie zwischen den Kräften der Liebe und des Verrats. Der Abgrund der Seele, der ihnen allen zugrunde liegt, will, daß man die Welt vorbehaltlos liebt.

Wenn wir Nietzsches Rat folgen, der uns gelehrt hat, hinter jeder Tugend das Laster zu entdecken, dem sie entstammt, die uneingestandene Angst, die die Tugend hervorbringt, die Schwäche, die man mit der Tugend verbergen möchte, werden wir erkennen, daß in unseren Beziehungen zu anderen immer auch unser Wunsch mitwirkt, uns nicht gänzlich im anderen zu verlieren. Wir wollen bei dem anderen sein, gleichzeitig aber wollen wir, um unsere Individualität zu bewahren, nicht ganz in diesem Zusammensein aufgehen. So erklärt sich dieses Da-Sein und Nicht-Dasein, dieser Eifer, mit dem man sich dem anderen ausliefert und ihn betrügt. Das alles gehört zu einer Liebesbeziehung. Denn die Liebe ist eine *Beziehung*, keine *Verschmelzung* zweier Entitäten. Wenn wir nicht als autonome Individuen existieren würden, könnten wir dem anderen nicht nur nicht begegnen und uns zu ihm in Beziehung setzen, wir hätten dem anderen, der symbiotisch mit uns verschmolzen ist, nicht einmal etwas zu erzählen.

Der Mann oder die Frau, die eine Reise außerhalb des «Wir» antreten, begehen nur im Licht gesellschaftlicher Erwartungen oder religiöser Vorschriften einen Verrat.[104] In Wirklichkeit retten sie ihre Individualität vor der tödlichen Umarmung des «Wir», das gerade nicht mündig macht und weder gemeinsames Wachsen noch Bereicherung, ja nicht einmal Worte erlaubt, die nicht schon gesagt worden wären oder bereits gewußt sind, bevor sie ausgesprochen werden.

Liebe ist nicht *Besitz*, denn der Besitz will nicht das Wohl des anderen, er will keine Aufrichtigkeit in der Liebe, sondern nur den Fortbestand der Beziehung. Unter diesen Bedingungen gewährt eine Beziehung jedoch nicht mehr das Glück, das immer in der Suche nach dem Selbst und in der Erkenntnis des Selbst liegt. Denn diese schwierige Suche wird der Sicherheit geopfert. Wir sind zu zweit, zwar wissen wir nicht mehr, wer wir sind, aber wir treten gemeinsam der Welt entgegen. Zwei geborgene, aber verhinderte Existenzen.

Liebe ist eine verwickelte Angelegenheit, denn man verwechselt nur allzu leicht, was man nicht genau trennen will: ob man den anderen oder die Beziehung liebt, ob man sein Bedürfnis nach Sicherheit befriedigt oder den Wunsch nach Glück. Oder man möchte zwar das Glück, nicht aber seinen Preis; und alternativ möchte man die Sicherheit, aber nicht ihre Langeweile. Liebe ist ein Kräftespiel, bei dem man entscheiden muß, welchem Gott das eigene Leben geopfert werden soll: dem Glück, das jede Selbstverwirklichung begleitet, oder der Sicherheit, zu der sich sehr oft die Selbstverleugnung gesellt.

Eines ist gewiß: In der Beziehung, im «Wir», darf man sich nicht verschließen wie in einem Grab. Von Zeit zu Zeit muß man hinaustreten, zumindest um zu erfahren, wer man ohne sie oder ohne ihn ist. Nur die anderen erzählen uns von unseren unbekannten Seiten. Wir müssen sie allerdings sprechen lassen, ohne sie mit unserem Bedürfnis nach Bestätigung zum Schweigen zu bringen, das wir irrtümlicherweise ein Bedürfnis nach Liebe zu nennen pflegen.

Bei der Reise, die man außerhalb des «Wir» unternimmt und die vom «Wir» absieht, ist es meist dieses «Wir», was verraten wird, sehr selten nur das «Du». Dem Treuebrüchigen wird vorgeworfen, sich verändert zu haben und sich nicht mehr im Gleichschritt mit dem Partner, sondern alleine zu bewegen. Nur wenn man die Veränderung des anderen akzeptiert und sie als eine Herausforderung versteht, sich selbst und die Beziehung neu zu definieren, wird der Verrat nicht mehr als solcher wahrgenommen. Doch sich neu zu definieren ist ebenso schwierig, wie Veränderungen zu akzeptieren. Darum sind die meistbegangenen Wege jene der Treue oder umgekehrt jene des Ressentiments und der Rache.

Wenn diese Überlegungen plausibel sind, erscheint es angebracht, die Verräter zumindest teilweise vom Ruch der Schändlichkeit freizusprechen, der ihnen gewöhnlich anhaftet, denn in jedem Verrat blitzt eine Wahrheit und Ehrlichkeit auf, die der Betrogene nicht sehen will. Eine Liebe verraten, einen Freund verraten, eine Idee, eine Partei, ja sogar das Vaterland verraten bedeutet, sich aus einer bestimmten Zugehörigkeit zu lösen und einen Raum für die eigene Identität zu schaffen, der von keinem Vertrauensverhältnis geschützt wird und darum in gewissem Sinne echter und wahrer ist.

Wir werden im Vertrauen geboren, daß jemand uns nähren und lieben wird, doch reifen und wir selbst werden können wir nur, wenn wir aus diesem Urvertrauen herauswachsen, wenn wir nicht seine Gefangenen bleiben, wenn wir denjenigen, die uns zuerst geliebt haben, und all jenen, die nach ihnen kamen, eines Tages sagen können: «Ich bin nicht so, wie du mich willst.»

Natürlich gibt es in jeder Liebe, angefangen bei der Elternliebe bis zur Liebe von Ehemännern, Ehefrauen, Freunden oder Liebhabern, eine Form der Besitzergreifung, die unser Wachstum behindert und unser Ich zwingt, sich ausschließlich im umzäunten Innenraum jener Liebesbeziehung zu konstituieren, die wir auf keinen Fall verraten dürfen. Doch in jeder Liebe, die den Verrat nicht kennt und nicht einmal seine Möglichkeit vermutet, herrscht noch zuviel Kindlichkeit, zuviel Naivität, zuviel Angst, sich auf die eigenen Kräfte verlassen zu müssen, zuviel Unfähigkeit, auch dann noch zu lieben, wenn sich Schatten abzeichnen.

Wenn es dort, wo wir voreilig von «Liebe» reden, keine Schatten geben dürfte, müßten wir freilich unfähig bleiben, schützende Gefilde zu verlassen, um auf eigenes Risiko unbekannten Regionen des Lebens entgegenzueilen, die sich nur jenen eröffnen, die wirklich Abschied nehmen können. In jedem Abschied liegt das Stigma des Verrats, das gleichzeitig ein Zeichen der Emanzipation ist. Die dunkle Seite der Liebe ist jedoch auch das, was ihr Bedeutung verleiht und sie erst möglich macht.

Liebe und Verrat verdanken einander nämlich ihre ganze existentielle Gewalt, und sie befreien nicht nur den Verräter, durch sie reift auch der Verratene. Beide weckt der Verrat aus ihrer Trägheit, ihrer Furcht vor der Mündigkeit, die sie mit Liebe verwechselt haben.

Dem Verräter sind diese Mechanismen eher bewußt als dem Betrogenen. Wenn dieser sich in die Rache, den Zynismus, die Ablehnung oder in paranoides Verhalten flüchtet, überläßt er sich letztendlich jenem Verrat des eigenen Ich, der damit beginnt, daß er sich selbst abwertet, weil er sich nicht mehr geliebt fühlt. Dabei wird vergessen, daß die eigene Identität zur Zeit der Liebe nur ein Geschenk des anderen war. Durch seinen Verrat aber gibt mir der andere mein Ich zurück. Darum könnte man all denen, die sich verraten fühlen, sagen, daß sie vielleicht irgendwann genau den ausgewählt haben, der sie betrügen würde, damit sie sich selbst begegnen können, so wie Jesus eines Tages Judas auswählte, um seinem Schicksal zu begegnen.[105]

Tatsächlich scheint das Gesetz des Lebens eher unter dem Vorzeichen des Verrats als dem der Treue zu stehen. Der Grund ist vielleicht, daß das Leben denjenigen bevorzugt, der sich selbst erkannt hat und weiß, wer er wirklich ist, während es den verschmäht, der jeder Selbsterkenntnis ausweicht, um zusammengekauert in einem geschützten Haus zu verharren, wo er hartnäckig «Liebe» nennt, was in Wirklichkeit Unsicherheit ist und Angst zu erfahren, wer er wirklich ist. Wer sich aber nicht wenigstens einmal im Leben selbst begegnet, bevor er stirbt, ist nie wirklich geboren.

13.

Liebe und Haß

DIE FATALE VERKNÜPFUNG ZWISCHEN ABHÄNGIGKEIT UND WÜRDE

[Der Haß] will einfach eine unbegrenzte faktische Freiheit wiederfinden; daß heißt, sich seines unerfaßbaren Für-den-andern-Objekt-seins entledigen und seine Entfremdungsdimension aufheben. Das kommt dem Entwurf gleich, eine Welt zu realisieren, wo der andere nicht existiert.

Jean-Paul Sartre *Das Sein und das Nichts*

Ich hasse dich, weil ich dich liebe. Ich beschimpfe dich, um weiter mit dir leben zu können. Ist der Haß wirklich der schicksalhafte Gefährte der Liebe? Wenn wir einen Blick in unsere Köpfe werfen, wo sich die meisten Leidenschaftsdelikte ereignen, scheint das zuzutreffen. Immer vorausgesetzt, was sich in unseren Köpfen abspielt, ist von Bedeutung. Freilich wird die tiefe Kluft, die wir in Gedanken zwischen Liebe und Haß konstruieren, fortwährend von Erfahrungen widerlegt, bei denen diese beiden Gefühle einander eng umschlingen oder sich gegenseitig durchdringen.

Es gibt niemanden, der nicht erleichtert aufatmen würde, wenn die Liebe den ersten erbitterten Streit überlebt. Gewöhnlich schläft man nach dieser Erfahrung sogar miteinander, wie um die Tiefe und die Widerstandskraft der Liebe zu feiern, die sich andernfalls ja gar nicht gezeigt hätten. Es scheint also, als sei der Haß ein notwendiger Begleiter der

Liebe, weil ihr Überleben möglicherweise weniger von der Fähigkeit abhängt, Aggressionen zu vermeiden, als von der Fähigkeit, sie auszuleben und im Namen der Liebe zu überwinden.

Doch woher kommen die Aggressivität, die Wut, der Haß? Und warum finden sie ihren fürchterlichsten Ausdruck gerade in Liebesbeziehungen? Die eher Pessimistischen sagen, der Mensch sei von Natur aus gewalttätig. So dachten im 17. Jahrhundert der Philosoph Thomas Hobbes, als er Plautus folgend erklärte: «*Homo homini lupus*»[106], und in neuerer Zeit der Verhaltensforscher Konrad Lorenz, dem zufolge Aggressivität wie der Hunger eine unbezähmbare Kraft ist und ebenso notwendig für das Überleben. Sie dient der Verteidigung des eigenen Territoriums, sichert dem Stärkeren sexuellen Vorteil, und aggressive Machtkämpfe entscheiden über den Anführer einer Gruppe.[107] Wenn es keine Kriege gibt, brauchen wir sportliche Wettkämpfe, um unsere Aggressivität auszuleben, wenn wir keine wirklichen Feinde haben, müssen wir uns eingebildete Feindbilder schaffen.

Die Optimisten dagegen sind überzeugt, daß der Mensch von Natur aus, wenn schon nicht gerade liebevoll, so doch auf jeden Fall gesellig ist. Aggressivität entsteht darum nicht in unserem Inneren, sondern ist ein verderblicher Einfluß von außen. So dachte Jean-Jacques Rousseau, für den die Menschen von Natur aus gut sind und erst als vergesellschaftete Wesen böse werden, als Reaktion auf die Ablehnung, die ihre ursprünglich freundlichen, oft sogar liebevollen Absichten erfahren.[108]

Aus Hobbes' Perspektive erscheint die Aggressivität als unabänderlicher Ausdruck des menschlichen Bedürfnisses nach Macht und Herrschaft. Liebe ist nur ein kurzes Zwischenspiel in den menschlichen Beziehungen, die scheitern müssen, wenn unsere eigentliche, wahre Natur zum Vorschein kommt. Für Rousseau hingegen ist die Aggressivität nicht angeboren, sondern eine Antwort auf Enttäuschungen und Entbehrungen, die sich im gesellschaftlichen Raum als Armut, Elend und Machtlosigkeit niederschlagen. Dieser Not kann mit gemeinsamer Anstrengung und gerechter Verteilung der Ressourcen abgeholfen werden. Im persönlichen Bereich drücken sich enttäuschte Bedürfnisse als Liebesunfähigkeit aus, und sie entsteht, wenn man als Kind nicht so geliebt wurde, wie es unsere Natur verlangt.

Doch vielleicht geht es bei der Liebe gar nicht um die Frage, ob Aggressivität eine *angeborene* oder eine *erworbene Eigenschaft* ist, ob sie ein ursprünglicher Impuls ist, der automatisch entsteht, oder eine Antwort auf Bedrohungen. Bei der Liebe ist die Sache komplizierter, denn wer wirklich liebt, kann nicht umhin, sein ganzes Selbst aufs Spiel zu setzen und nicht etwa Macht, Geld oder Erfolg. Der Einsatz im Spiel der Liebe sind wir selbst, die Liebenden. Und die Aggressionen, in denen die leidenschaftliche Liebe nur allzu oft kollabiert, sind ein Spiegel der Gefahr, in welcher wir liebend schweben.

Wenn er zum Objekt meines Begehrens wird, erhält der geliebte Mensch nämlich eine ungeheure Macht über mich, und meine Verletzbarkeit steht in direktem Verhältnis zur Intensität meiner Liebe. Dies ist, obwohl der Augenschein dagegen spricht, auch das entscheidende Movens des Serienkillers, der Frauen tötet, weil sie Macht über ihn haben. Sie wecken sein Begehren und besitzen damit in seinen Augen die Macht, ihn entweder zu befriedigen oder zu enttäuschen. Indem er sich rächt, will der Serienkiller das Kräfteverhältnis umkehren, er will seine vermeintlich verletzte Würde wiedererlangen.

Wir sind zwar keine Serienkiller, doch wenn wir in der Liebe hassen, setzen wir den gleichen Mechanismus in Gang. Wir wollen uns aus der Abhängigkeit von der geliebten Person befreien, in die wir durch unser liebendes Begehren geraten sind, da wir fühlen, daß sie unsere Würde beeinträchtigt. Wenn Abhängigkeit jedoch zuinnerst zur Passion gehört, wird man sie entweder akzeptieren und einen Verlust an Würde riskieren oder im wütenden Beharren auf der eigenen Würde die Leidenschaft in Aggression verwandeln, um dem anderen zu verstehen zu geben, daß er uns nicht unterwerfen kann, daß wir nicht in seinen Diensten stehen, daß er aus uns nicht machen kann, was er will.

Und das alles brüllen wir ihm im Affekt mit derart haßerfüllter Leidenschaft entgegen, daß die eigentliche Botschaft unmißverständlich wird: Wir können nicht auf ihn verzichten. Haben wir dann für dieses eine Mal unsere Würde behauptet, können wir ein weiteres Stück Wegs auf der vorgezeichneten Bahn unserer Leidenschaft gehen, die natürlich immer mit dem Zustand der Abhängigkeit von der begehrten und geliebten Person verbunden bleibt.

Abhängigkeit ist nicht lediglich ein Überbleibsel aus der Kindheit, wie die Psychoanalytiker wollen, sie ist konstitutiver Bestandteil des liebenden Begehrens. Und die Verletzbarkeit, die zur Abhängigkeit gehört, empfinden wir als Gefahr. Sie ist keine Einbildung, sondern eine Realität, gegen die wir uns schützen können. Denn auch wir haben die Macht, den anderen zu verletzen. Wir werden ihn zwar nicht töten, aber wir können ihn aus unserem Leben streichen, weil er durch seine Anziehungskraft unsere Seelenruhe gestört hat, weil er uns unsere Würde genommen hat und das Bild, das wir von uns selbst und unserem eigenen Wert haben, unterminiert hat. Tatsächlich haßt man nur dann wirklich, wenn man auch liebt, denn der Haß ist die Antwort auf die existentielle Bedrohung der Liebe. Wird der Haß jedoch nicht kontrolliert, kann er sowohl das Objekt der Liebe als auch uns selbst zerstören, wie Tolstojs *Anna Karenina* lehrt[109].

Um die Liebe zu schützen, muß man sich sowohl mit der Abhängigkeit, die mit dem Begehren einhergeht, als auch mit dem Haß, den der abhängige Zustand auslöst, arrangieren. Arrangements funktionieren in der Liebe allerdings selten, denn je heftiger die Leidenschaft, je größer die Verletzbarkeit ist, desto zerstörerischer werden die möglichen Aggressionen. Man könnte nun denken, es bliebe nichts anderes übrig, als die Leidenschaft abzuschwächen, was bei langjährigen Beziehungen tatsächlich häufig der Fall ist. Doch hier ist das Heilmittel schädlicher als das Übel. Wer diese Strategie verfolgt, um sich sowohl die Liebe als auch die Würde zu erhalten, sichert die Stabilität der Beziehung (von der man, ohne es sich einzugestehen, abhängig ist) um den Preis ständiger Verachtung für den Lebensgefährten. Und die Ruhe, die er streitenden Liebespaaren empfiehlt, ist nur die Kehrseite seines Zynismus.

Eine solchermaßen gedämpfte Passion dient zwar einerseits dazu, vor einer die Würde bedrohenden Abhängigkeit zu schützen. Andererseits kann sich, wer so pragmatisch verfährt, sein Motiv nicht verhehlen: Er will sich dafür rächen, daß er um der Stabilität und Sicherheit willen die Leidenschaft aus seiner Seele verbannt hat. Wer den Haß, das Schattenbild der Liebe, vermeiden will, verliert letztendlich auch die Liebe, die sich von dieser unabdingbaren Spannung nährt.

Wie aber vermag derjenige, der nicht hassen kann, der diesen Konflikt nicht erträgt, sein Bedürfnis nach Liebe auszudrücken und gleichzeitig seine Würde zu verteidigen, indem er seine Abhängigkeit verbirgt? Es gibt einen Weg: die Zuflucht in die Krankheit. In einem kulturellen Umfeld, wo dem Kranken nichts verweigert wird, ist die Sprache der Krankheit tatsächlich die einzige Ausdrucksmöglichkeit für den, der sich außerstande sieht, das Herz des Geliebten durch explizite Liebeserklärungen zu rühren.

Denn die ausdrückliche Bitte um Liebe kann ignoriert werden, während verzweifelte Weinkrämpfe, akute Bauchschmerzen oder unerträgliche Migräneanfälle nicht ignoriert werden können und den anderen zu einer Reaktion zwingen. Dies wird natürlich als Zeichen der Anteilnahme und Zuneigung interpretiert – und einzig hierin liegt die Bedeutung vieler Krankheiten. Sie sind nicht in erster Linie als ein organisches Geschehen aufzufassen, sie stellen eine Kommunikationsform dar und sollen den Kontakt herstellen, der mit sprachlichen Mitteln nicht zu erreichen war.

Die indirekte Kommunikation nicht durch Worte, sondern mittels körperlicher Signale, erfüllt nämlich eine Schutzfunktion für die Würde und das Selbstbild desjenigen, der zu diesem Mittel greift. Einen anderen Menschen zu brauchen, gilt im gesellschaftlichen Bewußtsein als ein infantiles Phänomen der Abhängigkeit. Daher muß der Erwachsene, der zwar nicht anders als ein Kind Bedürfnisse hat, zu deren Befriedigung ein Gegenüber erforderlich ist, die Illusion seiner Unabhängigkeit aber aufrechterhalten will, weil sie einer der Gründe für sein Selbstbewußtsein und seine Würde ist, auf diese ‹indirekte Kommunikation› zurückgreifen, von der auch Kierkegaard spricht[110].

In einer Gesellschaft, die körperlichen Krankheiten weitaus mehr Verständnis entgegenbringt als Problemen des Daseins, sind somatische Phänomene der einzig gangbare

Weg, persönliche Krisen auszudrücken. Auf diese Weise kann das Individuum seine Würde verteidigen und sich vor der Enttäuschung schützen, die es bei einer direkten Kommunikation möglicherweise erleben müßte.

Durch die Kommunikation über körperliche Symptome kann der Liebesbedürftige den geliebten Menschen zwingen, sich ihm gegenüber aufmerksamer und fürsorglicher zu verhalten. Gelingt ihm dies nicht direkt, könnte der Arzt ihm dabei helfen. Die Bedeutung vieler ärztlicher Atteste und ebenso vieler psychologischer Gutachten muß in jenem Zeichensystem des Körpers gesucht werden, dessen Mitteilungen, in unsere Sprache übersetzt, ungefähr so lauten würden: «Tun Sie alles, damit aus diesem Attest deutlich hervorgeht, daß er aufhören soll, mich zu vernachlässigen, daß er mir mehr Zeit und Aufmerksamkeit widmen soll. Mit einem Wort: daß er mich lieben soll.» Im übrigen ließ schon Thomas Mann im *Zauberberg* einen der «Seelenzergliederer» sagen: «Das Krankheitssymptom [ist] verkappte Liebesbetätigung und alle Krankheit verwandelte Liebe.»[III]

Der Liebende, der den Kranken spielt, fürchtet die Niederlage, die er erleiden müßte, wenn er sich auf Felder des wirklichen Lebens begäbe. Doch gerade weil er diese Niederlage vermeiden und so seine Selbstachtung schützen will, sichert der Liebende sich am Ende nur die endgültige Niederlage: die Ohnmacht der Krankheit, eine Konsequenz der Übersetzung des liebenden Körpers in den leidenden Körper.

Haß und Liebe sind also etwas für mutige Spieler, mit Liebe und Krankheit dagegen behelfen sich diejenigen, die Angst vor dem gefährlichen Spiel der Liebe haben. Unsere Gefühle sind nicht so klar und eindeutig wie unser Denken. Und unsere Gedanken haben keinerlei Einfluß auf die Verknüpfung und gegenseitige Durchdringung der Gefühle. Nur wenn wir das Leben mit seinen Zuständen der Begeisterung und Verzweiflung leben, lernen wir die Gefühle kennen. Einen anderen Weg gibt es nicht.

14.

Liebe und Leidenschaft

DAS KALKÜL DER VERNUNFT UND DIE EINBILDUNGS-KRAFT DES HERZENS

Leidenschaft ist nicht blind, sie ist hellseherisch.

Stendhal *Über die Liebe*

Die Leidenschaft ist uns fremd geworden, weil wir sie im Sex erstickt haben. Die Nähe der Körper hebt die Distanz auf, von der die Leidenschaft sich nährt. Solange die heutigen Generationen vom Sex noch nicht genug haben, wird es schwierig sein, Passionen jener heroischen, erhabenen Art zu entdecken, wie das romantische Zeitalter sie kannte und von der Liebe zu unterscheiden wußte.

Im Unterschied zur Liebe gehorcht die Leidenschaft nämlich keiner Regel. Selbstbeherrschung ist ihr fremd. Sie ist die Antwort auf eine heftige Anziehung, die keine Grenzen kennt und nicht von Plänen oder Entwürfen lebt. Statt dessen bewegt die Leidenschaft sich immer am Rand der Selbstaufopferung, sie streift sogar den Tod, denn im Bann dieses Gefühls läßt sich die Grenze zwischen der Gewalt des Begehrens, das mitreißt, und dem Tod, der lockt, nicht mehr erkennen.

Von dem Moment an, als Gott begann, sein Volk zu lieben und danach über das auserwählte Volk hinaus jeden einzelnen Menschen (etwas, was es nur in der jüdisch-christlichen Religion gibt), wurde die Leidenschaft zum Schweigen gebracht. Ihre Kraft wurde im entstehenden Gesetz des Neuen Bundes gebändigt und der Zügellosigkeit ein Ende gesetzt.

Daraus ist jenes System entstanden, in dem nur sinnvolle Investitionen des Gefühls vorgesehen sind. Sie verbieten das freie Umherschweifen der Leidenschaften und lenken sie seither auf Projekte, Konstruktionen und Schöpfungen. Das Ganze findet zudem mit kontrollierter Intensität statt, um Auflösungserscheinungen vorzubeugen.

In diesem Sinne darf man sagen, daß die Liebe christlich ist, während die Leidenschaft heidnisch blieb, weil sie kein Maß kennt und sich in jenem Grenzbereich bewegt, wo jedes Kalkül aufgehoben ist. Ihre schonungslose Großzügigkeit eröffnet einen Raum, in dem der Liebende so weit gehen kann, sich seinen eigenen Tod vorzustellen, weil dieser das einzig adäquate Zeichen für den Grad seiner Bereitschaft zur Hingabe wäre.

Darum ist die Leidenschaft nach göttlichem Recht eine Herausforderung der Existenz. In ihrer Gottlosigkeit geht sie einen Pakt mit dem Schicksal ein, der auch den Tod nicht ausschließt. Die Gott wohlgefällige Liebe hält sich dagegen fern vom Tod. In der Liebe werden Zeichen der Hingabe in jener idealisierten Form ausgetauscht, bei der das Begehren gedämpft und die Lust sublimiert erscheint. Damit will sie jene unmögliche Wechselseitigkeit der Gefühle verhindern, die im gemeinsamen Selbstmord der Liebenden ihre Verabsolutierung erfährt.

Wenn die Leidenschaft sagt «Ich liebe dich», stattet sie diesen Satz im Unterschied zur Liebe nicht mit einer endgültigen Bedeutung aus, durch die alles Sehnen an sein erfülltes Ende käme. Angesichts ihrer Unersättlichkeit ist das «Ich liebe dich» der Passion keine Feststellung, sondern ein verzweifelter Optativ, ein Wunsch. Es ist keine «Erklärung» der Liebe, sondern eine «Anrufung» der Liebe, die im selben Augenblick weiß, daß sie unerhört bleiben wird. Der Riß bleibt, die Begegnung scheitert sogar noch bei der Verschmelzung der Körper, die Spannung hält unvermindert und heftig wogend an, sie wird nicht in homöopathischen Dosen, nicht mit jener kleinsten Gefühlseinheit ausgeteilt, die ausreicht, um Sicherheit und Ruhe zu gewähren.

Nein. Wenn die Leidenschaft verzweifelt versucht, ihren Raum zu erobern und zu besetzen, tut sie das nicht mit der einträglichen, ermutigenden Ökonomie der Liebe, sondern verschwenderisch und verlustreich. Noch während sie Trost und Bestätigung sucht, will sie gleichzeitig schon widerlegt, abgelehnt, enttäuscht werden, will hören, daß ihre Hoffnungen trügen.

Und sie täuscht sich tatsächlich, denn nichts, was in der Wirklichkeit geschehen könnte, würde den Ansprüchen der Leidenschaft genügen. Alle Beweise der Zuneigung, der Lust, der Vertrautheit, des Liebens und Geliebtwerdens sind für sie nichtige Albernheiten, rührselige Stimmungen und Wünsche, zufällige Konstellationen von Blicken und Gesichtern.

Denn die Leidenschaft kennt zwar das *Schicksal*, nicht aber den *Austausch*, wo Kompensationen jeder Art möglich sind, wo ein Gleichgewicht hergestellt und Beziehungen verbessert werden können. In der Leidenschaft gibt es keinen Austausch, weil der andere nur im Kopf desjenigen existiert, der liebt. Für ihn ist der andere nur die Materie, mit der er seine Schöpfung gestaltet.

Hören wir Stendhal, für den die Leidenschaft nicht blind, sondern hellseherisch ist. Ihm zufolge beginnt alles mit der *Bewunderung* für einen Menschen. Die Bewunderung setzt die *Vorstellungskraft* in Gang, die das geliebte Wesen mit allen erdenklichen Vollkommenheiten ausschmückt und so im Liebenden *Erwartung* und *Hoffnung* weckt. Dabei geht es gar nicht darum, ob diese Gefühle erwidert werden, wie in Liebesgeschichten üblich, nein, die Leidenschaft will mit jener imaginierten Vollkommenheit verschmelzen, die im Geliebten ihre Verkörperung gefunden hat. So gelangt man in jenes Stadium, das Stendhal die «erste Kristallisation» nennt:

> Laß das Hirn eines Liebenden vierundzwanzig Stunden lang arbeiten, und du wirst dies finden: In den Salzburger Salzbergwerken wirft man einen vom Winter entblätterten Zweig in die verlassene Tiefe eines Schachtes; zwei oder drei Monate später holt man ihn, bedeckt mit schimmernden Kristallen, heraus. Die kleinsten Zweige, nämlich solche, die nicht dicker sind als ein Meisenfuß, sind mit unzähligen gleißenden und funkelnden Diamanten geschmückt; der ursprüngliche Zweig ist nicht wiederzuerkennen. Was ich Kristallisation nenne, ist die Tätigkeit des Geistes, der bei allem, was sich ihm darbietet, die Entdeckung macht, daß das geliebte Wesen neue Vorzüge hat.[112]

Die Leidenschaft verwandelt. Nicht sofort, nicht blitzschnell, jedoch im Laufe der Zeit, nach und nach, wenn alles Schöne, jedes freudige Gefühl auf das Bild bezogen wird, das der Verliebte sich von der geliebten Person gemacht hat. So beschreibt es Flaubert:

> Alle Straßen führten zu ihrem Hause. Die Wagen standen nur auf den Plätzen, um schneller hinzugleiten; ganz Paris bezog sich auf ihre Person, und die große Stadt mit all ihren Stimmen umbrauste wie ein ungeheures Orchester nur sie.[113]

Hier sehen wir die *Phantasie* in Aktion, jene Kraft, aus der die Leidenschaft sich speist. Menschen mit einer lebhaften Phantasie haben eine größere Chance, Erfahrungen zu machen, bei denen das Phantasiegebilde ein autonomes Leben erhält. Stendhal sagt: «Liebe ist die einzige Leidenschaft, die mit einer Münze bezahlt wird, die sie selbst prägt, womit sie Langeweile für immer vermeidet.» Darum gilt die leidenschaftliche Liebe als Wahnsinn:

> Dergleichen Dinge bestimmen brave Leute, zu sagen, die Liebe sei unvernünftig. Der Grund ist, daß die Phantasie, jäh aus köstlichen Träumen herausgerissen, wo jeder Schritt Glück spendet, in die rauhe Wirklichkeit zurückgeführt worden ist.[114]

Zur rauhen Wirklichkeit gehört dann nicht nur die entsetzliche Vorstellung, man könnte von jenem einzigen Quell der Freude, dem geliebten Menschen, zurückgewiesen werden, sondern auch die Angst, ein so vollkommenes Wesen könnte uns tatsächlich lieben. Wenn die eigenen Gefühle nämlich erwidert werden, nimmt das reale Glück den Platz der eingebildeten Freuden ein, und da es keine einzige Wirklichkeit gibt, die den leidenschaftlichen Phantasien standhalten könnte, warnt Flaubert: «Abgötter darf man nicht berühren: ihre Vergoldung bleibt an den Händen haften».[115]

Die Leidenschaft kann das Schöpfungswerk ihrer Phantasie nur fortsetzen, wenn sie unaufhörlich von Zweifel und Ungewißheiten angetrieben wird: «Sie halten die Sehnsucht wach und den Funken der Leidenschaft lebendig, während die Gewißheit sie tötet»[116]. Ohne Gewißheit bleibt man in einem Zustand fieberhafter Anspannung und gelangt zur «zweiten Kristallisation», wo das Glück aus dem vorübergehenden Sieg über die Ungewißheiten entspringt, von denen die Leidenschaft sich nährte.

Losgelöst von der Realität, wird die Leidenschaft zum ungeduldigen Träumen mit offenen Augen. Rückhaltlos setzt sie sich dem Spiel mit Illusionen und Enttäuschungen aus, wo in der zermürbenden Fülle unerfüllter Hoffnungen auch die Ungewißheit immer wieder aufblühen kann. Niemals aber wird die Leidenschaft am Möglichen verzweifeln, schließlich will sie auf das ängstliche Sehnen nicht verzichten, will sich nicht vor Gefahren schützen. Darum lehnt sie alle beschwichtigenden Sicherheiten ab:

> Die Liebe ist eine köstliche Blume, aber man muß den Mut haben, sie am grausigen Rande eines Abgrundes zu pflük-ken.[117]

Es handelt sich um jenen Abgrund, der sich öffnet, wenn man im Bann der Leidenschaft die Beherrschung und Kontrolle über sich selbst verliert, weil man überwältigt, ergriffen, verstrickt und von einer Art Lähmung befallen ist, wie Blanchot es so gut beschreibt:

> Die Leidenschaft flieht das Mögliche, weil diejenigen, die von ihr befallen sind, ihre eigenen Kräfte, ihre Entscheidungsfähigkeit und sogar ihr Begehren fliehen. Darin liegt die Entfremdung, die weder Rücksicht nimmt auf das, was sie können, noch auf das, was sie wollen. Leidenschaft treibt in einen Zustand, in dem die Liebenden sich selbst fremd werden, und das bis in die Intimität hinein, wo sie überdies einander fremd werden. Sind sie also für immer und ewig getrennt, als trügen sie den Tod in sich, als stünde er zwischen ihnen? Nicht getrennt, nicht entzweit: unzugänglich

sind sie, und ihre Unzugänglichkeit bleibt als unendliche Beziehung bestehen.[118]

Jeden Zugriff, der festhalten will, verdammt die Leidenschaft zur Enttäuschung, jeden Versuch, etwas zu besitzen, vereitelt sie. Denn die Leidenschaft liebt die Zeitspanne, in der ihr Traum noch bloße Phantasie ist und ihre Vision hellseherisch sein darf. Möglich wird das durch die diachrone Zeitlichkeit der Liebenden. Gerade weil ihre Entwicklungen nie synchron verlaufen, können sie in solchen Zeiten ihre ganze Vorstellungskraft aufwenden.

Passionen kennen keine Verschmelzung, ja nicht einmal eine Annäherung an den anderen, sondern nur unerbittliches Getrenntsein, das Leiden am Nicht-Besitz. Dadurch stehen sich die Liebenden passiv gegenüber, ohne daß sie je Zugriff auf den anderen hätten. Die Leidenschaft stellt sie füreinander als das Transzendente dar, das man sich nicht aneignen kann. Levinas schreibt:

> Die Leidenschaftlichkeit der Liebe besteht jedoch in einer unüberwindbaren Dualität der Seienden. Es ist ein Verhältnis zu dem, das sich für immer entzieht. [... Ein Verhältnis,] das unmöglich in Können übersetzt werden kann.[119]

Konzentriert man die ganze Welt auf das Gesicht des Geliebten, zeigt es einem auch all das, was es in diesem Moment nicht ist, also ein «noch nicht». Genau das ist es, was die Leidenschaft erreichen will, ist sie doch stets auf der Suche nach einer Zukunft, die niemals zukünftig genug ist, nach einer Ferne, die entfernter ist als alle erdenklichen Distanzen. Um es noch einmal mit Levinas zu sagen: «Genuß des Transzendenten»[120].

Angesichts der Leidenschaft ist die Vernunft ohnmächtig und somit auch der Wille. Doch auch wenn die Vernunft entmündigt wird, verstummt, vor Überraschung und Verwunderung ganz benommen ist, sollten wir nicht voreilig von «Pathologie» sprechen, sondern vielmehr von der Fähigkeit, sich etwas Besseres als die Wirklichkeit vorstellen zu können, neue, betörend schöne Horizonte zu entwerfen, etwas zu erzeugen, was bei aller Vorläufigkeit des ständigen Wandels der Vollkommenheit ähnelt. Wir meinen die Fähigkeit, Hoffnung noch dort zu entdecken, wo die Vernunft nur Unmöglichkeit sieht.

Es sei zugestanden: Die Leidenschaft ist nicht frei von Gefahren. Ihr Spiel mit der Absolutheit des Gefühls, bei dem die ganze Schönheit der Welt und alle irgendmögliche Glückseligkeit, auch jene, die gar nichts mit dem geliebten Menschen zu tun hat, in ihm versammelt wird, hat seine Kehrseite in der Verzweiflung, wenn die Quelle des Glücks sich entzieht und die Welt leer, unbedeutend, ekelerregend und gräßlich wird. Darum verwundert es nicht, wenn der abgewiesene Liebende sich umbringt oder, im verzweifelten Versuch, den anderen zu besitzen, indem er ihm das Leben nimmt, den Geliebten tötet.

Gelingt es der Leidenschaft jedoch, lebendig zu bleiben, entfesselt jene Verbindung aus der Vorstellungsgabe und den Gefühlen eine mächtige Kraft. Sie erlaubt es jedem, sich ein Glück jenseits träger Resignation vorzustellen, sich eine hellere Sicht der Welt zu schaffen als jene, die uns die trübe Wirklichkeit bietet.

Und auch wenn das für das einzelne Individuum katastrophal sein kann – was wäre die Welt, wenn niemand sich je eine bessere vorgestellt hätte, wenn niemand je bereit gewesen wäre, Demütigungen und Leid zu ertragen, damit etwas

Besseres geschieht als jene faden Szenarien, die die vorsichtige Vernunft und das Kalkül des «gesunden Realismus» sich auszumalen vermögen? Sie dienen zu nichts anderem, als all jene in Sicherheit zu wiegen, die lieber in langweiliger Ruhe leben möchten, als das Wagnis der Begeisterung einzugehen.

15.

Liebe und Einfühlung

Wir arbeiten fortwährend an diesem Selbstbetruge. Und nun
meint ihr, die ihr so viel vom «Sichselbstvergessen in der
Liebe», vom «Aufgehen des Ich in der anderen Person» redet
und rühmt, dies sei etwas wesentlich anderes? Also man zerbricht den Spiegel, dichtet sich in eine Person hinein, die man
bewundert, und genießt nun das neue Bild seines Ich, ob man
es schon mit dem Namen der anderen Person nennt.

Friedrich Nietzsche *Menschliches, Allzumenschliches*

Wenn die Leidenschaft das «Erleiden des anderen» ist,
bleibt es nicht aus, daß sie eine Art *Selbstentfremdung* mit
sich bringt. Gewöhnlich führt diese entweder zur *Einfühlung* in die geliebte Person, mit dem daraus folgenden Verlust der eigenen Identität, oder zum *Besitz* des geliebten Wesens, verbunden mit der Neigung, es von der Welt
auszuschließen. Denn die Welt wird als Bedrohung für die
bedingungslose Vereinigung verstanden, welche die Leidenschaft ersehnt. In beiden Fällen strebt man danach, die
Distanz zwischen den Liebenden aufzuheben, entweder indem man sich selbst im anderen auslöscht (*Einfühlung*) oder
indem man den anderen ganz im eigenen Selbst auflöst (*Besitz*). Nietzsche hat die Dynamik dieser Selbstentäußerung
sehr genau erfaßt:

«Die Liebe macht gleich.» – Die Liebe will dem Andern, dem sie sich weiht, jedes Gefühl von Fremdsein ersparen, sie ist folglich voller Verstellung und Anähnlichung, sie betrügt fortwährend und schauspielert eine Gleichheit, die es in Wahrheit nicht giebt. Und diess geschieht so instinctiv, dass liebende Frauen diese Verstellung und beständige zarteste Betrügerei ableugnen und kühn behaupten, die Liebe mache gleich (das heisst sie thue ein Wunder!). – Dieser Vorgang ist einfach, wenn die eine Person sich lieben lässt und es nicht nöthig findet, sich zu verstellen, vielmehr diess der anderen, liebenden überlässt: aber nichts Verwickelteres und Undurchdringbareres von Schauspielerei giebt es, als wenn beide in der vollen Leidenschaft für einander sind und folglich Jeder sich aufgiebt und sich dem Anderen gleichstellen und ihm allein gleichmachen will: und keiner zuletzt mehr weiss, was er nachahmen, wozu er sich verstellen, als was er sich geben soll. Die schöne Tollheit dieses Schauspiels ist zu gut für diese Welt und zu fein für menschliche Augen.[121]

Im verzweifelten Versuch, kein Fremder für den anderen zu sein, versucht der Liebende, so zu werden, wie der Geliebte ihn vermeintlich haben will. Und damit entfernt er sich bis zur Selbstaufgabe von sich selbst, um zum Doppelgänger, zum Spiegelbild, zur bloßen Bestätigung des anderen zu werden. Eine solche Verzerrung der Liebe führt einerseits zur *narzißtischen Einsamkeit* der geliebten Person, da sie im Liebenden nichts als das Abbild ihrer selbst findet, und andererseits zur *totalen Abhängigkeit* des Liebenden vom Geliebten, da er sich auf diese Weise zum bloßen Reflex des anderen macht.

In diesem grotesken Spiel der Spiegelungen und sich

kreuzenden Reflexe wird die Situation noch komplizierter, ja paradox, wenn beide Subjekte sein möchten, wie der andere sich den Geliebten vermeintlich wünscht. Hieraus ergibt sich jene absurde Situation, in der keiner der beiden mehr er oder sie selbst ist und beide, statt «in der Liebe zu verschmelzen», wie sie glauben, sich nur im Spiel der Masken auflösen. Diese Masken werden von den Liebenden fortwährend an die vermuteten Wünsche des anderen angepaßt, denen beide sich im Zeichen der *Verschmelzung* unterwerfen möchten. Freilich ist, was hier miteinander verschmilzt, nicht mehr ihr wahres Selbst, das wer weiß wo verlorenging, sondern der beiderseitige Wunsch, jede Distanz aufzuheben, die sie mehr fürchten als den Selbstverlust.

Selbstaufopferung aus Liebe zum anderen ist das letzte Abfallprodukt der christlichen Liebe, die die Mystiker in der *imitatio Christi* feiern, mit dem Unterschied jedoch, daß bei den Liebenden, die sich bis zur Selbstpreisgabe einfühlen, keiner der beiden Gott auf Erden ist. Nietzsche schreibt:

Der Betrug in der Liebe. – Man vergisst manches aus seiner Vergangenheit und schlägt es sich absichtlich aus dem Sinn: das heisst, man will, dass unser Bild, welches von der Vergangenheit her uns anstrahlt, uns belüge, unserm Dünkel schmeichele [...] und dieser ganze Vorgang soll nicht Selbstbetrug, nicht Selbstsucht sein, ihr Wunderlichen! – Ich denke, Die, welche etwas von sich vor sich verhehlen und Die, welche sich als Ganzes vor sich verhehlen, sind darin gleich, dass sie in der Schatzkammer der Erkenntnis einen Diebstahl verüben: woraus sich ergiebt, vor welchem Vergehen der Satz «erkenne dich selbst» warnt.[122]

Was aber suchen die Liebenden wirklich in jener wechselseitigen Einfühlung, die sie fälschlicherweise «Liebe» nennen? Was suchen sie in dieser Entfremdung, die sie beide weit von sich selbst entfernt? Sie versuchen, ihre Selbstverachtung zu verlieren, sich von allem zu entfernen, was ihnen an sich selbst nicht gefällt, von dem, was sie an sich ablehnen, was sie verdrängen und vergessen möchten. Dabei wählen sie den kurzen Weg, der, statt die langsamen Schritte des *Wandels* zu gehen, den schnellen Sprung in die *Identifikation* macht, indem die Identität des anderen kurzerhand übernommen wird. Und während es Sokrates noch genügte, sich herauszuputzen, «um als Schöner zu dem Schönen zu gehen»[123], kennt Roland Barthes in seinem Kommentar zu diesem Satz im *Gastmahl* keine Zurückhaltung mehr:

> Ich muß dem ähneln, den ich liebe. Ich postuliere (und eben das bereitet mir Genuß) eine Wesenskonformität zwischen dem Anderen und mir. Bild, Nachahmung: ich mache, soweit möglich, alles wie der Andere. Ich will der Andere sein, ich will, daß er ich ist, so als wären wir eins, eingeschlossen in dieselbe Hautfalte, wobei die Kleidung nur die glatte Hülle dieser verwachsenden Materie wäre, aus der das Imaginäre des Liebenden, aus der mein Imaginäres besteht.[124]

In ihrem Selbstbetrug, der bei ihnen die Regel ist, nennen die Liebenden dieses Sich-Hineinversetzen in den anderen «Liebe». Wer auf diese Weise liebt, beschäftigt sich jedoch in Wahrheit nicht mit dem anderen, sondern ist, hinter dem denkbar trügerischsten Anschein, ausschließlich mit sich selbst beschäftigt. Er arbeitet nämlich an der *Verdrängung* der eigenen Identität und der *Übernahme* jener neuen Persönlichkeit, die er im anderen bewundert und für sich haben will. Nietzsche, der diese Dynamik in all ihren Facetten erfaßt hat, schreibt in einem Aphorismus:

Selbstvernichtung Selbstvergötterung Selbstverachtung –
das ist unser Richten Lieben Hassen.[125]

Selbstzerstörung der eigenen, abgelehnten Identität und Selbstvergöttlichung in der neuen, dem anderen geraubten Identität – das ist der Weg, den wir «Liebe» zu nennen pflegen, um unseren Diebstahl zu vertuschen. In Wirklichkeit geht es dabei nicht um Liebe, sondern um ein neues, positives Selbstbild. Es soll der Perfektion jenes *idealen Ichs* möglichst nahekommen, dem unser *reales Ich* angestrengt und gegen tausend Schwierigkeiten kämpfend hinterherläuft. Schließlich ist nicht einmal garantiert, daß der andere, mit dem ich mich identifiziere, um mir seine Vollkommenheit anzueignen, diese wirklich besitzt. Hilfreich für den Liebenden ist in einem solchen Fall die *Idealisierung* des Geliebten, die Nietzsche folgendermaßen beschreibt:

Umgekehrt hat die Liebe einen geheimen Impuls, in dem Andern so viel Schönes als möglich zu sehen oder ihn sich so hoch als möglich zu heben: sich dabei zu täuschen, wäre für sie eine Lust und ein Vortheil – und so thut sie es.[126]

Das Endergebnis der Selbstentfremdung um der Einfühlung in den anderen willen ist nicht, wie man glauben möchte, eine liebende Verschmelzung, sondern eine *mißlungene Begegnung*, in der die beiden Liebenden einander unmöglich erkennen können, ebenweil jeder sich mit dem idealisierten Bild des anderen identifiziert und sich diesem durch Leugnung des eigenen Ichs anzupassen versucht. Vielleicht kann Nietzsche in diesem Sinne sagen:

> Weiber werden aus Liebe ganz zu dem, als was sie in der Vorstellung der Männer, von denen sie geliebt werden, leben.[127]

Was Nietzsche hier über die Frauen sagt, gilt selbstverständlich auch für die Männer, die ebenfalls Gefahr laufen, sich nicht mit der geliebten Frau, sondern mit dem Bild zu identifizieren, das sie sich von ihr gemacht haben. Nietzsche warnt:

> Wir sollen verhindern, daß wir das Ideal eines Anderen werden: so vergeudet er seine Kraft, sich selber sein ganz eigenes Ideal zu bilden, wir führen ihn irre und von sich ab – wir sollen alles thun, ihn aufzuklären oder wegzustoßen. – Eine Ehe eine Freundschaft sollte das Mittel sein, das seltene!! unser eigenes Ideal durch ein anderes Ideal zu stärken: wir sollten das Ideal des Anderen auch sehen und von ihm aus das unsrige![128]

Wenn jeder der beiden Liebenden auf sich selbst verzichtet, um sich in den anderen hineinzuversetzen, heben sie die Distanz, die sie voneinander trennt, nur scheinbar auf. In Wahrheit machen sie die Kluft unüberbrückbar, weil beide sich nunmehr in der Position befinden, die jeder von ihnen aufgegeben hat, um sich mit dem anderen zu identifizieren, um wie der andere zu sein.

In dieser Selbstpreisgabe, dieser Verlagerung des eigenen Fundaments an einen Ort außerhalb des Ichs, nämlich in den anderen, drückt sich nicht nur ein *Abhängigkeitsverhältnis*

168

aus. Es ist eine regelrechte *Selbstentfremdung*, die von beiden Liebenden jedesmal verkannt wird, wenn sie, blind für die Täuschungen der Liebe, zueinander sagen: «Ich werde sein, wie du mich haben willst.» Hinter diesem Geschenk des eigenen Selbst verbirgt sich indessen ein Mangel an Selbstachtung, wie ihn Alain de Botton genau beschrieben hat:

> Wir verlieben uns, weil wir uns danach sehnen, uns selbst zu entfliehen, mit einem Menschen, der so schön, intelligent und witzig ist, wie wir häßlich, dumm und langweilig sind. [...] Vielleicht liegen die Ursprünge einer bestimmten Art von Liebe in dem Impuls, durch eine Allianz mit dem Schönen und Mächtigen – Gott, dem Club, ihr/ihm – uns selbst und unserer Schwachheit zu entfliehen.[129]

Was aber geschieht, wenn das vollkommene Wesen, in das wir uns hineinversetzt haben und an dem wir mittlerweile in so starker Liebe hängen, daß wir es zu unserer Lebensgrundlage gemacht haben, eines schönen Tages beschließt, unsere Liebe zu erwidern? Dies ist der schrecklichste Moment, in dem der Trug unserer Einfühlung ans Licht kommt. Denn wenn es die Geringschätzung unseres Ichs war, was unsere Liebe beflügelte, wie könnten wir dann weiterhin den idealisieren, der unser verachtetes Selbst zu lieben begann? Hier droht der Einfühlung die größte Gefahr: Die Einsamkeit, die sie heimlich stets befördert hat, tritt zutage, und die Distanz, die man mit der Einfühlung gerade aufheben wollte, offenbart sich als abgrundtief. Botton schreibt:

> Von jemandem geliebt zu werden heißt, zu erkennen, wie sehr der andere die gleichen Abhängigkeitsbedürfnisse teilt,

deren Entschiedenheit uns an erster Stelle zu ihm hinzog. Wir würden nicht lieben, litten wir nicht unter einem Mangel, doch paradoxerweise stört uns ein ähnlicher Mangel beim anderen. In der Erwartung, eine Antwort zu finden, entdecken wir nur das Duplikat unseres eigenen Problems. Wir erkennen, wie sehr auch die anderen darauf angewiesen sind, ein Idol zu finden, wir sehen, daß der geliebten Person unser Gefühl der Hilflosigkeit nicht entgeht, und sind daher gezwungen, die kindische Passivität aufzugeben, mit der wir uns hinter göttlicher Bewunderung und Verehrung verstecken, und statt dessen die Verantwortung auf uns zu nehmen, zu der beides gehört: tragen und getragen werden.[130]

Doch dafür müssen wir auf die Einfühlung verzichten, die die Preisgabe unserer eigenen Identität und eigenen Freiheit fordert, und uns dem zuwenden, was Furio Semerari die «Ontologie der Verschiedenheiten»[131] nennt, das heißt, wir müssen lernen, individuelle Unterschiede anzuerkennen. Das gewährt uns zwar keine Verschmelzung mit dem anderen, aber es schützt die Identität beider Partner. Und bei dieser hebt ja das Spiel der Verführung an, das darin besteht, *den anderen zu sich hinzuführen*, statt, wie bei der Einfühlung, *für den anderen auf sich selbst zu verzichten*. Den verhängnisvollen Weg der Selbstpreisgabe beschreibt de Botton so:

Aus dieser wahrgenommenen Minderwertigkeit heraus erwuchs das Bedürfnis, eine Persönlichkeit anzunehmen, die nicht direkt meine eigene war: ein verführerisches Ich, das sich auf die Forderungen dieses höheren Wesens einstellte und entsprechend darauf reagierte. Verdammte Liebe mich also dazu, nicht ich selbst zu sein? Vielleicht nicht auf immer, aber, wenn ich sie ernst nehmen wollte, tat sie es zumindest in diesem Stadium der Verführung, denn die Haltung des Verführers brachte mich dazu, daß ich mich fragte: *Was würde ihr gefallen?* Und nicht: *Was gefällt mir?* Liebe zwang mich, den Blick sozusagen durch die imaginierten Augen der Geliebten auf mich selbst zu richten. Nicht: *Wer bin ich?* Sondern: *Wer bin ich für sie?* Und im Verlauf des Nachdenkens über diese Frage konnte es nicht ausbleiben, daß mein Ich nach und nach von einer bestimmten Unaufrichtigkeit und Inauthentizität getönt wurde.[132]

Es versteht sich von selbst, daß die Anerkennung individueller Unterschiede einerseits den Trug der Einfühlung mit ihrer Mißachtung des Selbst vermeidet, andererseits aber deutlich macht, daß man auch im Rausch größter Leidenschaft niemals die Schwelle der eigenen, grundsätzlichen Einsamkeit überschreitet. Denn Zeus, so erinnert uns Platon, «schnitt die Menschen in zwei Stücke (*étemne toùs anthrópous dícha*)»[133], wie um die Unmöglichkeit ihrer vollkommenen gegenseitigen Entsprechung zu besiegeln und zu bekräftigen, daß sie in ihrer eigenen unvertauschbaren Identität eingeschlossen sind.

«*Volo ut sis*», sagt Augustinus, wenn er von der Liebe spricht: «Ich will, daß du das bist, was du bist.»[134] Also keine Vereinnahmung und gewaltsame Anpassung des anderen an mich selbst wie bei der Entfremdung durch Besitz, aber auch keine Selbstverleugnung und Auslieferung an den anderen wie bei der Entfremdung durch Einfühlung. Statt dessen Anerkennung der Verschiedenheit, Pflege der Distanz. Hingabe ja, aber im Zeichen des «rechten Maßes», wie es die Ethik der alten Griechen forderte. Sie hütet sich, jene

Grenze zu überschreiten, hinter der die Liebe zum trügerischen Vorwand wird, um den anderen, den man besitzen will, zu mißbrauchen oder um das eigene Selbst in der Einfühlung aufzuopfern. Wenn das «rechte Maß» eingehalten wird, entsteht jenes Wir, das Nozick so beschreibt:

> In einem *Wir* sind die beiden Menschen nicht körperlich wie siamesische Zwillinge verbunden [...]. Menschen, die ein *Wir* bilden, legen nicht nur ihr Wohlergehen zusammen, sondern auch ihre Autonomie.[135]

Auch in der Liebe muß also ein individueller Raum bewahrt bleiben, der die Einsamkeit nicht scheut. Wenn es nämlich wahr ist, wie Nietzsche schreibt, daß jeder sich selbst unerträglich ist, warum sollte man diese Qual dann durch die Inbesitznahme des anderen noch verdoppeln? Nietzsche meint dazu:

> Wehe, wenn dieser Trieb erst wüthet! – Gesetzt, der Trieb der Anhänglichkeit und Fürsorge für Andere (die «sympathische Affection») wäre doppelt so stark, als er ist, so wäre es gar nicht auf der Erde auszuhalten. Man bedenke doch nur, was Jeder aus Anhänglichkeit und Fürsorge für sich selber an Thorheiten begeht, täglich und stündlich, und wie unausstehlich er dabei anzusehen ist: wie wäre es, wenn wir für Andere das Object dieser Thorheiten und Zudringlichkeiten würden, mit denen sie sich bisher nur selber heimgesucht haben! Würde man dann nicht blindlings flüchten, sobald ein «Nächster» uns nahe käme? Und die sympathische Affection mit ebenso bösen Worten belegen, mit denen wir jetzt den Egoismus belegen?[136]

Vermeidet man die Vereinnahmung, die rückhaltlose Einfühlung, die Identifikation und den Besitz, um die Autonomie des anderen zu schützen, dann *verwandelt* die Liebe, so wie Platon es beschreibt:

> [D]a ist keiner so feig, den nicht Eros selbst so zur Tapferkeit begeisterte, daß er dem ebenbürtig würde, der von Natur aus ein Held ist. Und wenn Homer sagt, daß der Gott einigen von den Helden «Mut einhaucht», so gewährt das Eros gewiß den Liebenden, als eine Gabe, die von ihm kommt.[137]

Vermeidet man, sich selbst in der Einfühlung in den anderen geringzuschätzen, und bewahrt statt dessen die Selbstachtung, dann werden durch die Liebe gerade unsere positiven Eigenschaften zur Entfaltung gebracht. Durch diese Steigerung verwandelt sich unser Leben und nähert sich seinem Idealbild tatsächlich an. Bewahrt man also in der Liebe die eigene Autonomie, schützt man sich nämlich nicht nur vor den Folgen der Identifikation mit der geliebten Person, sondern erhält auch Zugang zu den Tiefen des eigenen Ichs, das sich dann auf eine Idealität hin entwerfen darf.

Und auch wenn es aus dieser idealen Dimension wieder herausfallen sollte, weil die Liebe sich verabschiedet hat, bleibt auf jeden Fall eine Spur jenes schönen Bildes von uns, das wir dank der Liebe erblicken durften. Diese kann man immer wieder aufnehmen, um mit ihrer Hilfe einen neuen Weg einzuschlagen, einen, der sich vor der Selbstpreisgabe aus Liebe hütet.

16.

Liebe und Besitz

DIE SELBSTBESTÄTIGUNG IN DER AUSLÖSCHUNG DES ANDEREN

Die Besitzgier ist das Extrem eines alles durchdringenden Triebes, der zerstört, was auch immer ihm auf seinem Weg begegnet. Er ist wie ein unausrottbarer Virus und verbreitet sich so schnell wie der Keim des Wahnsinns. Zu Beginn tritt er auf wie ein routiniertes, mithin ungefährliches Umzingelungsmanöver. Dann verwandelt er sich in eine Art Umzäunung von militärischem Sperrgebiet, um schließlich zum unaufhörlichen Durchforsten des Territoriums des anderen zu werden. Von nun an wird nichts mehr dem Zufall überlassen, und das Kontrollsystem entpuppt sich als durchkalkuliert bis in die kleinsten Details, wie die raffiniertesten Strategien.

Malek Chebel *Le livre des séductions*

Leidenschaftliche Liebe möchte die Distanz zwischen den Liebenden aufheben. Will man den anderen *besitzen*, so werden die Beziehungen der geliebten Person zur Außenwelt so weit reduziert, bis sie in dem engen Raum zugrunde geht, in dem das Drängen des Liebenden sie eingeschlossen hat. Freilich wird bei dieser Belagerung nicht nur der Geliebte geopfert, sondern auch der Liebende, denn auch er hat seine Außenkontakte und die Bedeutung des eigenen Lebens auf den bloßen Besitz des anderen reduziert.

Die Dauer solcher Lieben, schreibt Nietzsche, hängt «von der Tiefe der Abgründe und der geheimen, noch nicht entdeckten Räume der Seele ab, in welche die unendliche

Besitzgier der Liebe vordringt».[138] Recht besehen, liebt der Liebende in diesen Fällen gar nicht den anderen, sondern nur seinen Einfluß auf ihn: Hieraus folgert Nietzsche, daß die Liebe als Besitz «das Verlangen nach absoluter Macht über eine Person»[139] sei.

Doch der Besitz erschöpft sich im Besitzen selbst. Daher sagt man, daß in der Liebe siegt, wer flieht, derjenige also, der sich selbst nie wirklich offenbart: entweder weil er sein Inneres verbirgt oder weil seine Persönlichkeit so vielfältig ist, daß sie niemals wirklich greifbar ist. Sobald der Liebende nämlich den Eindruck gewinnt, auch in den letzten Winkel der Seele des Geliebten vorgedrungen zu sein, verfliegt die Leidenschaft, weil es nicht Liebe war, was sie beflügelte, sondern Besitzgier. Es handelt sich dabei um jene unehrliche Vorgehensweise, in der er im Besitz des anderen nach Selbstbestätigung sucht. Für Nietzsche drückt sich darin das Mißverständnis aus, das der christlichen Nächstenliebe zugrunde liegt:

Unsere Nächstenliebe – ist sie nicht ein Drang nach neuem Eigenthum? [...] Wenn wir Jemanden leiden sehen, so benutzen wir gerne die jetzt gebotene Gelegenheit, Besitz von ihm zu ergreifen; diess thut zum Beispiel der Wohlthätige und Mitleidige, auch er nennt die in ihm erweckte Begierde nach neuem Besitz «Liebe», und hat seine Lust dabei wie bei einer neuen ihm winkenden Eroberung. [...] So wundert man sich in der That, dass diese wilde Habsucht und Ungerechtigkeit der Geschlechtsliebe dermaassen verherrlicht und vergöttlicht worden ist, wie zu allen Zeiten geschehen, ja, dass man aus dieser Liebe den Begriff Liebe als den Gegensatz des Egoismus hergenommen hat, während sie vielleicht gerade der unbefangenste Ausdruck des Egoismus ist.[140]

Unbefangen wirkt derjenige, der, wie Nietzsche sagt, aus «Verlangen nach Eigenthum»[141] liebt, weil er sich im Verhalten, in seinen Gesten und Worten in nichts von dem unterscheidet, der uneigennützig liebt – bis auf die sorgfältig verborgene Tatsache, daß er zum ausschließlichen Inhalt der Gedanken und Gefühle des anderen werden will. Darum begnügt er sich nicht mit dem körperlichen Besitz und der sexuellen Befriedigung, die daraus erwächst, sondern verlangt von der geliebten Person, für ihn allein ihre ganze Welt aufzugeben. Sie erscheint ihm nämlich voller Versuchungen für den Geliebten und stellt mithin eine Gefahrenquelle für seine Besitzgier dar.

Doch auch wenn er sein Ziel erreicht hat, will der Mensch, der so liebt, mehr, er will etwas Subtileres, etwas auf perverse Weise Erhabenes: Er will, daß das geliebte Wesen sich in ihm nicht täuscht, daß es sich nicht einem Phantasiebild, das es sich von ihm gemacht hat, hingibt, sondern ihn um seiner selbst willen liebt. Und nicht nur wegen seiner offensichtlichen Eigenschaften, er möchte bis in seine geheimen Seelentiefen geliebt werden. Der Geliebte soll sogar bis in den versteckten Winkel seiner Besitzgier vordringen und ihn «um seiner Teufelei und versteckten Unersättlichkeit willen» lieben, wie Nietzsche es nennt[142]. Erst dann ist sein Verlangen nach Besitz befriedigt. Zugleich erlischt auch seine Leidenschaft, da sie nicht Liebe zum anderen war, sondern versteckte, perverse Eigenliebe.

Wenn der andere einwilligt und diesen Besitzansprüchen entgegenkommt, entsteht etwas, was Erich Fromm so beschreibt: «Man schließt zu zweit einen Bund gegen die Welt und hält dann diesen *égoisme à deux* irrtümlich für Liebe und Vertrautheit.»[143] Eine solche Intimität nährt sich vom Verzicht auf die Welt, denn nur indem er jede erdenkliche Beziehung nach außen ausschließt, kann der Liebende seinen Wunsch nach Besitz befriedigen. Er will sich als einziger Nutznießer der Hingabe fühlen und so durch den anderen die Liebe bekommen, die er sich selbst stets verweigert hat.

Hier taucht nun die *Eifersucht* auf, die nicht, wie man gemeinhin glaubt, ein Zeichen von Liebe ist, sondern ein Zeichen für den Ausschließlichkeitsanspruch der Liebe oder, wie Proust sagt, «ein ruheloses Bedürfnis der Tyrannei im Bereich der Liebesdinge»[144]. Eine Liebe, die der geliebten Person den Genuß der Welt verweigert, von der sich zuletzt auch der Liebende ausschließt, weil er seine ganze Aufmerksamkeit auf das geliebte Wesen konzentriert.

Unter diesen Bedingungen entsteht ebendas, was Fromm den «Egoismus zu zweit» nennt. Er wird geprägt von «einer Verschmelzung ohne Gegenseitigkeit»[145], wo der Wunsch nach Herrschaft des einen sich mit dem Bedürfnis nach Unterwerfung des anderen vermählt. Es handelt sich um einen Egoismus, den nicht Selbstliebe, sondern umgekehrt ein Mangel an Eigenliebe gebiert. Aus diesem Mangel aber folgt das unbezwingbare Bedürfnis, den anderen zu besitzen, um die eigene Leere zu füllen. Was man hier genießt, ist nicht die Liebe, die sich im Gefängnis des Besitzens ohnehin nicht ausdrücken kann, sondern die Freude darüber, anderen die Möglichkeit der Liebe genommen zu haben. Eine solche Situation beschreibt Proust in dem Teil seiner *Recherche*, der den Titel *Die Gefangene* trägt:

> Meine Freude darüber, Albertine ständig bei mir zu Hause
> zu haben, war weniger eine positive Freude als die Genug-
> tuung, der Welt, wo jeder sie hätte genießen können, dieses
> blühende Mädchen entzogen zu haben, das mir auf diese

Weise zwar keine großen Genüsse bescherte, doch wenigstens die anderen davon ausschloß.[146]

Es gibt jedoch nicht nur den Besitz, mit dem ein Mangel an Selbstliebe kompensiert werden soll. Es gibt auch den Besitz als Flucht vor der Welt, die als feindlich und schreckenerregend erlebt wird. Und da die Angst stärker ist als das Begehren, wie alle neurotischen Mechanismen beweisen, wird der Geliebte, je größer die Angst vor der Welt ist, um so mehr zu jenem Zufluchtsort, den man zum Weiterleben braucht. Hier ist der Besitz nicht mehr bloße Entschädigung für die Selbstverachtung, er wird zur überlebensnotwendigen Bedingung, ohne die das Leben ungewiß, problematisch, furchterregend und angsteinflößend ist.

Also setzt die Lebensangst sich die Maske der leidenschaftlichen Liebe auf, die gerade nicht durch einen «Überschuß von Leben» entflammt, sondern weil «nicht genug davon vorhanden sei», wie Nietzsche sagt[147]. Ohnehin vermutet Nietzsche: «Die Summe von Geist, welche die Menschen auf Bekämpfung der Übel verwenden, fehlt ihnen zur Erfindung der Freude.»[148]

Doch ist derjenige, der Liebe nur durch Besitzansprüche ausdrücken kann (weil er sich selbst nicht liebt oder weil er Angst vor der Welt hat), wirklich Protagonist in einer leidenschaftlichen Liebesbeziehung oder nicht vielmehr ihr Spielball, dessen ganze Schwäche bloßgelegt wird? Tatsächlich ist der Liebende schwach, weil er nichts anderes kann als begehren, während der Geliebte, obwohl er der Gefangene dieser besitzergreifenden Liebe ist, mit dem Begehren des Liebenden spielen kann. Er kann es provozieren oder abwehren, verstärken oder enttäuschen, bis der Liebende als Machthaber abdankt und nur noch ein erbarmungswürdiges

Überbleibsel seiner selbst ist, das sich heillos in seinem Begehren, in seiner Unfähigkeit, ohne Besitzansprüche zu lieben, verstrickt hat.

Damit gelangt man zu jener aberwitzigen Situation, wo die Fronten wechseln, der Liebende seine Stellung aufgibt und das Spiel in die Hände des Geliebten übergeht. Nun ist dies aber nicht der versklavte Geliebte, der vom Liebenden seine Freiheit zurückfordert, sondern der Geliebte, dessen Lage dem Liebenden wie ein Spiegel seine eigene Gefangenschaft vor Augen führt.

Es handelt sich um eine Gefangenschaft, bei der der Liebende entdecken muß, daß seine vermeintliche Überlegenheit nicht aus eigener Kraft und Bedeutung glänzt. Und dies nicht nur, weil sein Schicksal in den Händen des anderen liegt, nein, der Besitz, nach dem er strebt, kann überdies nur ein Geschenk des anderen sein. Von diesem Geschenk allein hängt die Fürsprache der Welt ab, ihr Beitrag zu dieser Liebe und umgekehrt die Öffnung der Liebesbeziehung auf die Welt. Hat der Liebende jedoch nur mit Erlaubnis des Geliebten Macht über die Welt, dann offenbart die Herrschaft, die er über den Geliebten ausüben möchte, seine ganze konstitutive Ohnmacht.

17.

Liebe und Ehe

LIEBE ALS AKTION VERSUS LIEBE ALS PASSION

Ein Leben, das mit dem meinen einen Bund eingegangen ist –
für mein ganzes Leben, das ist das Wunder der Ehe. Ein Leben, das mein Wohl ebenso will wie das seinige, weil es mit
dem seinigen vereinigt ist. Und wenn es nicht für das ganze Leben wäre, so wäre es noch eine Bedrohung. (Im Vergnügungs-
austausch einer «Verbindung» ist stets eine solche Bedrohung
vorhanden.) Aber wie viele Menschen kennen den Unterschied
zwischen einer Besessenheit, der man unterliegt, und einem
Schicksal, das man auf sich nimmt?

Denis de Rougemont *Die Liebe und das Abendland*

Was ist das eigentlich, das Leben zu zweit? Ein Zu-
sammenschluß von Kräften, der die eigene Schwäche ausgleichen soll, die Gelegenheit zum Bau eines eigenen Hauses, eine gesellschaftlich akzeptierte Methode, sich von
seinen Eltern zu lösen? Ein Fluchtweg aus der Einsamkeit,
ein Opfer aus Mitleid, die Folge von Faszination und Bewunderung? Eine auf das Geld gegründete, gegenseitige
Hilfsgemeinschaft, die Möglichkeit, dank eines angesehe-
nen Namens sozial aufzusteigen? Ein extremes Heilmittel
gegen Schlaflosigkeit oder Verdauungsstörungen; die Be-
rechtigung zur Fortpflanzung, ein Beruhigungsmittel gegen leidenschaftliche Exzesse, eine Pforte zum Ehebruch,
das Vorzimmer der Scheidung, ein Freundschaftspakt, ein
Hilfsmittel, um sich normal zu fühlen, eine Methode, sich

neugierige und mißtrauische Zeitgenossen vom Leibe zu halten? Ein Pflegeheim fürs Alter, ein Bordell oder eine Folterkammer?

Wenn all diese Dinge eine Rolle spielen, und für viele tun sie es, dann kommt die Entscheidung für den *Mann* oder die *Frau des Lebens* einer törichten *Wette* gleich, da die Vernunft in Liebesdingen wenig mitzureden hat. Und dies gilt um so mehr heute, wo das Einkommen, der gesellschaftliche Rang, wirtschaftliche, religiöse und soziale Faktoren auf diesem Feld keine große Bedeutung mehr haben, weil der Triumph des Individualismus, der unsere Kultur kennzeichnet, dazu führte, daß die Liebe ihr Fundament nur mehr in sich selbst hat, das heißt im Individuum, das die Liebe nach seiner ganz persönlichen Glücksvorstellung lebt.

Traditionelle Richtlinien, die für die Regelung des Ehebundes einst von so weitreichender Bedeutung waren, haben ihren Einfluß verloren. Und mit der Tradition treten auch die staatlichen Gesetze, die Rechtsnormen und die Gebote der Kirche in den Hintergrund. Seitdem sie auf die direkte Kontrolle des Intimlebens verzichten, darf die Liebe ihre innere Logik frei entfalten, und diese kennt keinen anderen Maßstab als die Spontaneität und Aufrichtigkeit der Gefühle.

«Noch nie», schreibt der Soziologe Ulrich Beck, «war die Ehe so ätherisch, so unmateriell begründet wie heute.»[149] Es ist, als forderte die Liebe eine eigene Realität gegen die durch Gesetze regulierte Wirklichkeit, die unser alltägliches Leben beherrscht. Auch die Unterscheidung zwischen «öffentlich» und «privat» mit dem daraus folgenden Schutz der Privatsphäre unterstreicht diese *Autonomie* der Liebe, ihre *Selbstbegründung*, die keine andere Autorität als die *subjektive Entscheidung* anerkennt, weder bei der Heirat noch bei der Scheidung. Für beide ist inzwischen kennzeichnend, daß jegliches Kalkül und Interesse verworfen, daß Berechnung, ja sogar gemeinsame Absprachen, Verantwortung füreinander und ausgleichende Gerechtigkeit abgelehnt werden – und all das im Namen der Echtheit und Unbedingtheit des Gefühls.

Lieben oder nicht lieben ist kein justiziabler Tatbestand, keine Straftat, obwohl das Leben eines anderen Menschen davon abhängt, der vom Mangel an Liebe tiefer verletzt werden kann, als eine Krankheit ihn beeinträchtigen und der Tod ihn treffen könnte. Verabsolutiert und in einem nie dagewesenen Ausmaß von allen gesellschaftlichen, juristischen oder religiösen Bindungen befreit, tritt die Liebe heute entweder als absolutes Glücksversprechen auf oder als gnadenloser Krieg, der zudem mit den scharfen Waffen intimer Vertrautheit geführt wird. Denn so weit kommt es, wenn die Liebe von den Ansprüchen auf Selbstverwirklichung gesteuert wird, die sich nur auf die blinde Macht des Gefühls gründen.

Wenn der Imperativ unserer Zeit lautet, daß jeder für sein Glück selbst verantwortlich ist und dieses sich an der Intensität seiner Leidenschaft bemißt, muß man schon über ein fast krankhaftes Talent zur Langeweile verfügen, um in den Ehestand einzutreten. Es sei denn, man heiratet tatsächlich in der Hoffnung auf eine nimmermüde Leidenschaft, die dauerhaft Zerstreuung bietet und deshalb imstande ist, die Gefahren des Überdrusses abzuwenden.

Wir berücksichtigen durchaus, daß die Leidenschaft ein Unglück sein könnte, doch vermutlich zumindest aufregender als das Alltagsleben und elektrisierender als das kleine Glück des Ehelebens. Es bleibt also dabei: entweder resignierte Langeweile oder Leidenschaft. Dies ist das Dilemma der modernen Vorstellung vom Glücklichsein. Da es sich ausschließlich an der Intensität des Gefühls mißt, verspricht es den Zugang zu einem authentischeren Menschsein, wo die sozialen Schranken verschwinden, die jede aufrichtige Lebensäußerung früher hemmten.

«Der leidenschaftsbestimmte Mensch», wie wir den Menschen unserer Zeit nennen könnten, erwartet von der Liebe Erkenntnisse über sich selbst oder über das Leben im allgemeinen. In solchen Erwartungen keimt ein letztes Mal die Liebesmystik vergangener Zeiten auf, wird die romantische Liebe mit all ihrem Beiwerk aus Unvorhersehbarkeiten, aufregend gewagten Situationen und genußvollem, heftigen Schmachten wieder lebendig. Ein Himmel voller Möglichkeiten offenbart sich, solche Liebe ist Schicksal und unterwirft sich der Sehnsucht mit all ihren Illusionen von Freiheit und Fülle. Denis de Rougemont gibt zu bedenken:

Frei nenne ich einen Menschen, der sich beherrscht. Aber der Mensch der Leidenschaft strebt im Gegenteil danach, beherrscht zu werden, enteignet zu werden, aus sich heraus in die Ekstase geworfen zu werden.[150]

Betrachten wir die Ehe im Licht der Leidenschaft und der Werte, die sich aus ihr ableiten, muß sie als «eine hübsche Gaskammer» erscheinen, wie Marisa Rusconi es ausdrückt[151]. Doch hat die Leidenschaft wirklich das letzte Wort bei den Bindungen aus Liebe?

Eigentlich handelt es sich nicht einmal mehr um einen Verdacht, sondern um eine Gewißheit: Vielleicht ist die leidenschaftliche Liebe niemals wirklich eine Erfahrung gewesen, sondern in erster Linie ein literarisches Konstrukt, von dem sich nach und nach die Religion, die Philosophie, die

Anthropologie, die Psychologie und die ganzen Humanwissenschaften verführen ließen und das sich dann in der Flut der Medien niedergeschlagen hat, in der klassischen und der Unterhaltungsmusik zum Beispiel, die offenbar ohne die Verheißungen der Liebe nicht leben können. Zuletzt erreichte es auch die Reklame und hilft den Waren, ihren Weg aus den Regalen der Supermärkte in die Einkaufswagen der Konsumenten zu finden.

All you need is love heißt es in einem Refrain der Beatles, und sie haben nicht unrecht. Denn vier Jahrhunderte lang hätte wohl jeder Bauer, nach der Liebe befragt, geantwortet, alles, was er *brauche*, sei eine Frau, die gesunde Kinder zur Welt bringt, den Geldbeutel fest geschlossen hält und dafür sorgt, daß die Vorräte nicht schlecht werden.

Ein Fürst hätte geantwortet, was er brauche, sei die Tochter eines anderen mächtigen Herrschers, durch die seine eigene Macht und sein Vermögen wachsen. Nicht anders hätte ein Industrieller des 19. und vielleicht auch des 20. Jahrhunderts geantwortet, galt doch sein Hauptinteresse stets dem Aufbau neuer wirtschaftlicher Unternehmen und der Möglichkeit geschäftlicher Fusionen. Auch seine Arbeiter und Angestellten ließen sich bei ihren Entscheidungen in Liebesdingen mit Sicherheit von der Sorge um Schwangerschaften und entsprechenden Wohnraum leiten.

Wer die Liebe als Passion wieder zu den wichtigsten Dingen zählte, die man braucht (*all you need*), wenn man sich verliebt, das war zu Beginn unseres Jahrhunderts Freud. Allerdings beschrieb er die Liebe ausschließlich unter dem Vorzeichen der Krankheit. Und so ist nach Freud das, was man im Schlafzimmer ebenso wie auf der Couch des Analytikers wirklich sucht, nicht Liebe, sondern Gesundheit.

Diese Botschaft wurde in Amerika sofort gehört und entschlüsselt. Hier verzichtete man kurzerhand auf die psycho-analytischen Komplikationen und bewahrte nur den ge-sundheitsfördernden Kern leidenschaftlicher Liebe, den die übermächtige amerikanische Kultur dann von West nach Ost verbreitete. So zwang sie die ganze Welt, eine Bresche in die eigenen, jahrhundertealten Traditionen zu schlagen und sich in die wollüstigen Arme der zum westlichen Kon-sumgut gewordenen Liebe zu werfen.

Und in der Warenform feiern nun Sexualtrieb und To-destrieb, auf deren innige Verbindung Freud ebenfalls hin-gewiesen hatte, hinterrücks ihre monotone Wiederkehr. Reizlos und eintönig ist dieser Ausdruck von Leidenschaft, weil Tabubrüche nur noch in würdeloser Form möglich sind, wie es Georges Bataille eindrucksvoll beschreibt.[152]

Die Liebe als Passion lebt nämlich von Hindernissen und vom Aufruhr der Gefühle, von Auseinandersetzungen, Trennungen und Abschieden, während die Ehe von Ge-wohnheiten und alltäglicher Nähe lebt. Die Leidenschaft will die unerreichbar ferne Liebe der Troubadoure, die Ehe die nahe Liebe der Gatten. Und in einer Welt wie der unsri-gen, die als letztes Refugium der Liebe, wenn schon nicht die Leidenschaft selbst, so doch die Sehnsucht nach ihr be-wahrt hat, muß sich zwangsläufig die Tendenz durchsetzen, daß eine Ehe bereits im Bewußtsein einer möglichen Tren-nung beziehungsweise Scheidung geschlossen wird. Alle fordern, die Auflösung der Ehe zu erleichtern, obwohl es vielleicht gar nicht darum gehen sollte, die Scheidung zu er-leichtern, sondern die Heirat schwieriger zu gestalten, wenn man allgemein der Ansicht ist, die leidenschaftliche Liebe genüge, um eine Ehe zu schließen.

Wir wissen freilich, daß ethische Gründe gegen die Wal-lungen romantischer Leidenschaften niemals leichtes Spiel hatten. Und dies gilt besonders für eine Kultur des Konsums wie die unsrige, wo es nichts Dauerhaftes mehr gibt und Freiheit daher nicht mehr in der freien Wahl einer Lebensform besteht, die Selbstverwirklichung ermöglicht, sondern zu einer Haltung geworden ist, die sich ihre *Entscheidungsfreiheit jederzeit offenhalten möchte*. Stillschweigend wird hier vorausgesetzt, daß Identitäten nach Belieben an- und abgelegt werden können, ganz so, wie der Konsumismus es uns bei der Wahl der Kleidung lehrt.

So kommt es, daß diese Illusion der «Entscheidungsfreiheit» zu einem «Entscheidungsverzicht» führt, wie Christopher Lasch beobachtete.[153] Wo die persönlichen Beziehungen dem Muster des Warenkonsums folgen, birgt eine Entscheidung keine Konsequenzen und Verpflichtungen mehr, da jeder Entschluß, von der Wahl eines Freundes bis zu der eines Liebhabers, eines Ehepartners oder einer Karriere, augenblicklich rückgängig gemacht werden kann, sobald sich scheinbar günstigere Gelegenheiten bieten.

Doch wo eine Entscheidung keine unwiderruflichen Auswirkungen mehr impliziert, wo sie den Gang der Dinge nicht verändert, wo sie nicht eine Folge von Ereignissen in Gang setzt, die sich als irreversibel herausstellen können, wo ohnehin alles austauschbar ist – von den Bekanntschaften bis zu den Liebschaften, von der Arbeit bis zu den Nachbarn – da tritt der Begriff der Entscheidungsfreiheit selbst in Widerspruch zur Freiheit, die er zu befördern vorgibt.

Vom Standpunkt der Leidenschaft aus gesehen, muß die Ehe daher, schon weil sie ein unwiderrufliches Versprechen ist, als «eine Hölle» erscheinen, wie Tolstoj sagt[154]. Doch ist die Passion wirklich die einzige Form, in der Liebe sich bekunden kann? Wenn die Leidenschaft das *passive Erleiden des anderen* ist, kann es dann nicht eine Liebe geben, die *aktiv handelt*, statt *passiv zu erleiden*, die, statt sich ausschließlich auf die Seite der Leidenschaft zu schlagen, wo sie deren Schwankungen wehrlos ausgeliefert ist, eine unwiderrufliche Entscheidung fällt und aufgrund dieser Entscheidung die Liebe nicht *erduldet*, sondern *erschafft*? In diesem Sinne schreibt Denis de Rougemont:

> Die Treue [...] ist eine Konstruktion. Mindestens ebenso «absurd» wie die Leidenschaft, unterscheidet sie sich von der Leidenschaft durch eine ständige Weigerung, ihren Träumen zu unterliegen, durch ein ständiges Bedürfnis, für das geliebte Wesen zu handeln, durch ein ständiges Ergreifen der Wirklichkeit, die sie zu beherrschen, der sie nicht zu entfliehen sucht.
>
> Ich sage, eine solche Treue gründe die Person. Denn die Person offenbart sich wie ein Werk im weitesten Sinn des Wortes. Sie wird aufgebaut wie ein Werk, zugunsten eines Werks und unter den gleichen Bedingungen, von denen die erste die Treue einer Sache gegenüber ist, die nicht war und die man schafft.
>
> Person, Werk und Treue: Diese drei Wörter sind weder voneinander zu trennen noch gesondert faßbar. Und alle drei setzen einen gefaßten Entschluß voraus, eine schöpferische Grundhaltung. [...]
>
> Aber vermögen wir uns noch eine Größe vorzustellen, die nichts Romantisches hat? Und was ist das Gegenteil einer in den Himmel gehobenen glühenden Begierde? Die Treue, von der ich spreche, ist eine Torheit, aber die nüchternste und alltäglichste. Eine Torheit der Nüchternheit, die recht gut die Vernunft nachahmt – und die kein Heldentum ist und auch keine Herausforderung, sondern ein geduldiger und zärtlicher Eifer.[155]

188

Als *Passion*, die dem Bild der romantischen und der mystischen Liebe zugrunde liegt, ist die Liebe eine Art Flucht vor der Welt, auf der man vom Erlangen des absoluten Glücks träumt. Als *Aktion*, die beispielsweise eine Ehe begründet, weicht die Liebe der Welt nicht aus, sondern übernimmt ihre selbst gewählte Verpflichtung in dieser Welt. Sie tut dies nicht etwa aus einer abstrakten Parteinahme für die Treue heraus, die für sich genommen keinen Wert darstellt, sondern weil erst durch die Treue jenes liebende Handeln in Gang gesetzt wird, das den anderen – wie ein Werk – fortwährend neu erschafft.

Natürlich leuchtet das erst dann ein, wenn man die Liebe nicht als einen *Zustand* begreift, wie zum Beispiel das Verliebtsein ein Zustand ist, sondern als eine *Tat*. Statt das Begehren und seine unersättliche, das Leben verzehrende Sehnsucht zu vergöttlichen, statt aus ihm einen Geheimkult zu machen und sich vom Begehren eine wundersame Vermehrung der Lust zu erwarten, steht diese handelnde Liebe zu ihrem Wort und beginnt, angefangen bei ihrer Treue zum einmal geschlossenen Bündnis, aktiv Szenarien der Liebe zu konstruieren.

Die derzeitige Krise der Ehe, die die gesamte westliche Welt charakterisiert, bedeutet, ganz unabhängig von individuellen Schicksalen, daß wir in unserer Kultur keinen Begriff der Liebe haben, der sich nicht in der Leidenschaft erschöpfen würde. Diese wird vergöttlicht, weil es kein Gegengewicht zu ihr gibt. Die Leidenschaft an sich ist nicht verdammenswert, doch ihre Verherrlichung ist gefährlich, weil sie uns an nur einen der Pole jener schöpferischen Spannung bindet, in der sich aller Daseinstrieb ausdrückt.[156]

Der andere Pol ist nicht Mäßigung, Selbstbeherrschung und Verbot, auf denen alle Morallehren insistieren, sondern die *Tat*, die das Glück der Leidenschaft und vielleicht sogar ihre Zügellosigkeit durchaus kennt, sich aber nicht mit einem passiven Glück begnügt, weil sie schöpferisch sein will. Nicht ein von der Religion versprochenes Leben nach dem Tod, sondern ein Leben vor dem Tod.

18.

Liebe und Sprache

Die Liebe spricht viel, sie ist ein Diskurs. Sie erklärt sich und erreicht ihren Höhepunkt oft in der Erklärung, mit der sie endet. Ein höchst zweischneidiger, fast anstößiger Akt der Sprache.

Jean Baudrillard *Die fatalen Strategien*

Für das Unaussprechliche, das sie bezeichnen muß, hat die Liebe keine Worte. Ebendarum macht sie meist sehr viele, im verzweifelten Versuch, einer Sache Ausdruck zu verleihen, die sich der Logik, dem gesunden Menschenverstand und der Ordnung des Diskurses entzieht, ja ihrer tragisch episodischen Natur zum Trotz überdies so auftritt, als sei sie allumfassend.

Viele Sätze werden formuliert, um in Worte zu fassen, was sich ereignet. Man flüchtet sich vielleicht sogar ins Schweigen, um dem Geschehen größere Intensität zu verleihen. Dann wieder genügt eine kaum wahrnehmbare Veränderung, um alle Worte Lügen zu strafen und sie von dem Weg abzubringen, den man eingeschlagen hatte, um die Liebe sprechen zu lassen.

Allein weil sie ein Gefühl ist, findet die Liebe in der Sprache keinen Halt, wenn sie sich erklären will, ohne sich ganz zu offenbaren; wenn sie Empfindungen zeigen soll, von denen man nicht einmal genau weiß, ob man sie hat oder nicht hat; wenn sie sich verweigern und gleichzeitig die Möglichkeit eines Sinneswandels bewahren möchte oder wenn sie achtgeben muß, daß das Gesagte nicht vom Tonfall oder den Gesten, die es begleiten, widerlegt wird.

In Liebesdingen verstricken sich Wahrheit und Lüge auf undurchsichtige Weise, denn Aufrichtigkeit bietet hier keinerlei Garantien, so wie die Lüge nicht unbedingt in die Irre führt. Wenn die Leidenschaft den Diskurs beherrscht, fühlt sich der Sprechende für seine Worte nicht voll verantwortlich, vor allem aber muß er sich für seine Worte nicht rechtfertigen.

Deshalb sagt man, die Liebe sei eine Art «Krankheit», ein «Wahn» und sie «lege in Ketten». Und wenn es um ihre Bedeutung geht, so wird behauptet, sie sei ein «Geheimnis», etwas «Unverständliches», das man weder erklären noch begründen könne.

All das entzieht die liebende Rede jeder sprachlichen Kontrolle, aber gerade dank dieser charakteristischen Regellosigkeit ist es möglich, das Unsagbare auszudrücken, die Lüge über die Wahrheit siegen zu lassen, den Betrug zu beschönigen, dem eben Gesagten sogleich zu widersprechen, Mißverständnisse auszubügeln und den falschen Schritt zu korrigieren. Man wechselt nämlich auf eine andere Ebene der Kommunikation, wo Widersprüche auch dann verschwinden können, wenn Kohärenz und Logik hinken. Dies alles ist möglich, weil Liebende die Wahrheit, gleichzeitig aber auch ihre Illusionen lieben. Und wenn die Illusionen zerbrechen, wenn die Liebe eine Täuschung war, kann man sich immer noch retten, indem man sich zu seiner Unvernunft bekennt und sich auf die durch Leidenschaft hervorgerufene Verwirrung beruft.

Um diesen schwankenden Boden zu sichern, greift die Sprache der Liebe gewöhnlich zum Paradox. Sie sagt zum Beispiel, das Gefühl, das man «in diesem Moment» empfinde, werde «für immer» andauern. Sie bezieht sich auf die *Dauer*, um die Kraft und die Intensität eines Gefühls zu beschreiben, obwohl seine zeitliche Ausdehnung ganz gewiß nicht von seiner Stärke abhängt.

Hier beugt die Sprache sich dem *Mißtrauen*, darum ist der Liebende durch seine eigene Liebeserklärung gezwungen, sich so zu verhalten, als könnte die Liebe nie enden. Er muß also von «Ewigkeit» sprechen, denn wenn er sich damit begnügt hätte, nur seine augenblicklichen Empfindungen zu beschreiben, wäre dies als ein eindeutiges Zeichen seines Mangels an Aufrichtigkeit interpretiert worden.

Damit soll nicht behauptet werden, daß Dauer kein Maßstab für Gefühle wäre, die ja aufflammen und wieder erlöschen. Wir sagen nur, daß Gefühle nicht als weniger tief und aufrichtig, nicht als weniger inbrünstig und wahr gelten sollten, wenn sich zu diesen Maßstäben nicht auch jener der Dauer gesellt. Die Liebe ist wie die Schönheit eines Kunstwerks, dessen ästhetischer Wert nicht von seiner Hinfälligkeit oder Stabilität abhängt. Die zeitliche Ausdehnung dient dazu, die sprachliche Protokollierung der Beziehung zu intensivieren, nicht unbedingt die Beziehung selber. Niklas Luhmann beschreibt, was passiert, wenn man beides miteinander verwechselt:

Hoffnung heißt aber zugleich, daß die Einlösung des Wechsels auf die Zukunft teurer wird, als man erwartet hatte. Nebenkosten, an die man nicht gedacht hatte, fallen ins Gewicht, und die nunmehr erfüllte Passion vermag sie nicht mehr aufzuwiegen. Die Diskrepanz wird durch die reflexive Erwartungsstruktur der Liebenden nur mehr verstärkt, die gleiche Neigung zur Überinterpretation, die den Aufbau der Beziehung trug, sowie der Vergleich von Hoffnung und Realität beschleunigen den Abbau. Die Beziehung ist ihrer eigenen Zeitlichkeit nicht gewachsen und löst sich auf.[157]

Diese Überlegungen gelten auch für jenes taktische Verhalten, zu dem viele Frauen Zuflucht nehmen, um die Liebe lebendig zu halten. Sie schieben den Zeitpunkt hinaus, an dem sie sich hingeben, natürlich ohne die Hoffnung je zu ersticken. Sie sprechen die Sprache der *Tugend*, obwohl das, was ihnen wirklich am Herzen liegt, nicht *Keuschheit*, sondern *Dauer* ist.

Sie erreichen damit allerdings nur, daß der zum Warten verurteilte Verliebte am Ende eher die Jagd selbst als die Beute schätzen lernt. Denn wenn die Liebe Zeit verschlingt, vor allem eine unaufrichtig gelebte Zeit, zerstört sie sich selbst. Sie verliert die Qualitäten, die ihrer Einbildungskraft Flügel verliehen, und ersetzt diese durch Vertrautheit. Zeitliche Dauer, durch die eine Freundschaft ihre Vollkommenheit erhält, bewahrt die Liebe jedoch nicht vor Zersetzung.

Unter dem Vorwand, sie sei ein *passiver* Zustand, gestattet die Passion sich eine große *Handlungsfreiheit*, die keinerlei Rechtfertigung bedarf. Hier beutet die sprachliche Rhetorik die Semantik der *Passivität* aus, um den Geliebten dazu zu bewegen, auf die Liebe zu *reagieren*. So wird behauptet, es sei «Liebe auf den ersten Blick» gewesen, ein «Blitzschlag», für den niemand verantwortlich ist. Im Namen der Passion muß man also weder erklären noch begründen oder das eigene Verhalten entschuldigen, denn eine *amour fou* entzieht sich der rationalen Kontrolle.

In Wahrheit ist es gerade aufgrund der Irrationalität der Passion sehr unwahrscheinlich, daß zwei Menschen gleichzeitig von ihr ergriffen werden. Eros schießt nicht zwei Pfeile im selben Moment ab, und auch wenn die Liebe sich zufällig ereignet, so fällt sie doch normalerweise nicht als doppelter Zufall an denselben Ort. Da ist schon ein Schub vonnöten.

Und hier vertraut sich die *Passion* der *Aktion* an. Doch wenn sie dabei ihre Spontaneität und Unschuld nicht einbüßen soll, muß die Sprache einschreiten, um die Bedachtsamkeit, das sorgfältig geplante, strategische Verhalten zu bemänteln, ohne welches die Passion nicht in der Lage wäre, den anderen zu umzingeln und schließlich sein Herz zu treffen.

Auch wenn sie sich als «Kampf», als «Belagerung» und «Eroberung» versteht, muß die Liebe, die Wirkung erzielen will, sich der Sprache der Unterwerfung, der Nachgiebigkeit gegenüber dem Willen des Geliebten anbequemen. Also wird die Semantik der «Eroberung» mit jener der «Unterwerfung» kombiniert, ohne den Widerspruch kenntlich zu machen. Es entsteht eine Sprache der Gegensätze, die das Aktive und das Rezeptive zu verbinden vermag, weshalb man sagen kann, daß «Liebe blind macht» und gleichzeitig «den Blick schärft» oder daß die Liebe ein «Gefängnis» sei, aus dem man nie mehr befreit werden will, oder eine «Krankheit», von der man nie genesen möchte, eine «Wunde», von der man sich wünscht, sie möge nie heilen.

Andernfalls ließen sich Aussagen wie «Liebende lieben ihre Leiden mehr als alle Freuden»[158], «Die größte Süßigkeit ist ein heimliches Martyrium»[159] oder «Die Freuden der Liebe sind begehrenswerte Leiden»[160] nicht erklären. Solche

Sätze triefen vor Religiosität, sie beziehen sich offensichtlich auf die «Passion» Christi, wo die erhabenste Liebe sich mit dem Schauspiel des furchtbarsten Leidens verbindet.

Dieses Ideal der Liebe und sein sprachlicher Ausdruck leben, wie alles Religiöse, von ihrem Bezug zur Transzendenz. Man leidet nicht um der realen Wonnen der Liebe willen, nicht wegen der «erwiesenen Gnaden», sondern weil die Liebe, wie die Erlösung, noch nicht voll und ganz verwirklicht ist und zu einem unerreichbaren Jenseits zu werden droht. Trotzdem enttäuscht sie noch nicht, da eine andere christliche Tugend ihr hilfreich zur Seite steht: die *Hoffnung*, daß die Liebe eines Tages gänzlich zur Realität werden möge, den Schmerz stillen und die Widersprüche aufheben wird.

Diese religiöse Sprache idealisiert die Liebe, indem sie ihr einen Anstrich von zuchtvoll gemäßigter Spiritualität verleiht, welcher dem Fleisch sein ganzes «fleischliches» Gewicht nimmt und die Körperlichkeit adelt, indem sie sie als «verbrauchtes» Fleisch darstellt. Tatsächlich scheint die Sexualität in unserer Kultur immer nur durch den Anstrich des Leidens zu höheren Weihen gelangen zu können.

Diese Paradoxien in der Sprache der Liebe, die Widersprüche brechen die Gesetze der Logik ganz bewußt. Denn *Normalität*, *Gleichförmigkeit* und *Alltäglichkeit* gehören dem Reich der Logik an, während die Liebe den *Exzeß*, das *Ungewöhnliche* und *Erschütternde* ausdrücken möchte und dies nur tun kann, indem sie die Regeln der Vernunft mißachtet. Mit der Sprache den Eindruck zu erwecken, man könne die Leidenschaft beherrschen, würde sie kaum angemessen darstellen, ebenso wie die Einzigartigkeit des Geschehens sich mit dem geregelten Verlauf einer normalen Konversation kaum adäquat wiedergeben ließe.

Extreme und paradoxe Ausdrücke sollen die normalen Sprachregeln außer Kraft setzen, weil der Überschwang der Liebenden ohne sprachliche Zügellosigkeit und Regelverletzungen durch nichts gerechtfertigt wäre. Die Semantik des Exzesses, die jedes Maß überschreitet, öffnet Räume für neue Freiheiten, die die Liebe braucht. Denn Liebe entsteht, wenn sie *totalisierend* sein darf, wenn es ihr gelingt, auch die negativen Seiten der Beziehung positiv zu bewerten, wenn sie den Eindruck eines geschlossenen Kreislaufs vermittelt, wo alle Bewegungen und Elemente sich unvermeidlich gegenseitig verstärken.

Diese Totalität spiegelt sich in der Sprache des Exzesses wider. Liebe und Haß können in ihr zusammenwirken und sogar problemlos ineinander übergehen als unterschiedliche Ausdrucksformen einer einzigen Leidenschaft. Darum kann der eine Worte des Hasses sagen, die der andere als Worte der Liebe hört.

Da der totalisierende Anspruch Begründungen jeder Art ablehnt, macht er die Liebe *unsagbar*. Aufgrund ihrer Unaussprechlichkeit wird der «Liebesbeweis» nicht der Sprache anvertraut, sondern von den Körpern verlangt. Auf körperlicher Ebene ist der Beweis jedoch nicht immer glaubhaft, denn die Verbindung zwischen Sexualität und Gefühl verläuft bei Männern und Frauen nicht symmetrisch.

Bei der weiblichen «Zurückhaltung» und dem männlichen «Drängen» möchte allerdings weder die Frau ihre Unsicherheit noch der Mann seine Gier bekennen. Beide überlassen es darum der Sprache, im einen Fall die Vorsicht, im anderen das Begehren mit den Schnörkeln all jener Werte zu verzieren, die Tradition und Kultur uns zur Verfügung stellen.

Der Anspruch auf Totalität und die Neigung zum Exzeß sind der Grund dafür, daß die Sprache der Liebe beim Reizen, Verführen, Sehnen und Fordern keine Grenzen kennt. Dieser Mangel an Selbstbeschränkung würde die Liebe zu einem schier unerträglichen Erregungszustand werden lassen, wenn nicht die Zeit einschreiten würde, die seine Dauer begrenzt:

> Die Liebe endet unvermeidlich, *und zwar schneller als die Schönheit*, also *schneller als die Natur*. Ihr Ende ist nicht eingeordnet in den allgemeinen kosmologischen Verfall, sondern durch sie selbst bedingt. Liebe dauert nur kurze Zeit, und ihr Ende kompensiert das Fehlen jeder anderen Grenze. Das Wesen selbst der Liebe, der Exzeß, ist der Grund für ihr Ende.[161]

Noch radikaler können wir sagen, daß das Ende einer Liebe mit ihrer Verwirklichung zusammenfällt, die darum soweit wie möglich hinausgeschoben, wenn nicht gar vermieden werden muß. Denn die Liebe verabscheut Wiederholungen, und da eine bis zum Exzeß getriebene Kreativität, die jeden Tag Neues produzieren könnte, undenkbar ist, behilft man sich mit jener anderen Strategie, bei der Widerstände, Hindernisse und Störungen gesucht werden, um der Liebe auf diese Weise Dauer zu sichern.

Hier spielt das Wort eine entscheidende Rolle, denn indem es Mißverständnisse, Fehlinterpretationen und Verwechselungen allein zu dem Zweck produziert, sie gemeinsam zu überwinden, garantiert es die Kontinuität der Kommunikation. Worte trennen und vereinen nämlich weit mehr als die Körper. Mit ihrer Fähigkeit, Distanz zu schaffen und eine erneute Annäherung zu bewirken, vergönnen sie der Liebe Zeit, und diese währt nur so lange wie das «noch nicht».

Zwischen dem Beginn und dem Ende einer Liebe nimmt der Enthusiasmus der Leidenschaft das unvermeidliche Leiden des Endes schon vorweg. Setzt sie eine Liebesgeschichte in Gang, greift die Frau darum zur *Sprache der Selbstkontrolle*, das heißt, sie überlegt, ob sie Briefe entgegennehmen und es wagen soll, sie zu beantworten, ob sie Einladungen annehmen oder ablehnen soll, und achtet dabei immer genau darauf, dem anderen durch ihre Worte und Verhaltensweisen nicht den Schluß zu ermöglichen, er könne mehr erreichen.

Die Empfänglichkeit für sprachliche Nuancen belebt das Spiel der bedeutungsvollen Schweigemomente und der Aufschübe, mit denen man die Aufrichtigkeit der Gefühle prüfen möchte. Bei der Frau ist die Liebe daher gezwungen, inkognito zu handeln, denn sind die ersten Gunstbeweise einmal gewährt, auf die dann das ausdrücklichere Ansinnen folgt, kann die Frau keine Überraschung mehr heucheln und so tun, als wüßte sie nicht, daß der Verführer sich auf jene Worte und Gesten verläßt, mit denen sie, wenn auch nur ein wenig, die von den Gesellschaftsspielen gezeichnete Grenze überschritt.

Der Mann dagegen kann mit offeneren Karten spielen, er kann sogar jene jämmerlichen Versuche wagen, «Eindruck zu machen», indem er seine Vorzüge im bestmöglichen Licht darstellt, wobei er meist nicht ahnt, daß Frauen, weil von Natur aus realistisch, unempfindlich gegen jede Art Angeberei sind.

Dann gibt es die, die auf Angeberei lieber gleich verzichten, vor allem, wenn es nichts gibt, womit man prahlen könnte, und statt dessen den Unverstandenen spielen, der sein Leiden an der Einsamkeit überdeutlich zur Schau trägt.

Diese Strategie, die für sich genommen nicht besonders vorteilhaft bei einer Begegnung ist, verspricht im Falle ihres Scheiterns wenigstens den Trostpreis, daß man sich «hinterher» wirklich unverstanden fühlen kann. Angeber wie auch Unverstandene haben noch nicht begriffen, daß in der Liebe die Früchte unverhofft fallen, ohne daß man den Baum schütteln muß.

Was dann das Einsammeln der Früchte betrifft, so sollte man sich frühzeitig dazu entschlossen haben, denn die Gesetze der Leidenschaft werden nicht ungestraft gebrochen. Sie kennen nur das Prinzip des Alles oder Nichts, mithin entweder Keuschheit oder Wollust, niemals aber den Mittelweg. Hält man erst inne, nachdem man dort angekommen ist, wo man nicht hinwollte, ist es zu spät – es sei denn, man möchte sich wie das Raubtier fühlen, das unablässig hinter den Gitterstäben seines Käfigs hin und her läuft.

Nun zu den Liebesbriefen, wo die Sprache der Liebe ihre Triumphe feiert. Man hüte sich davor, sie ein paar Jahre später wieder zu lesen. Im Hinblick auf ihre Glaubwürdigkeit tut man gut daran, folgendes zu bedenken: Wenn ein Brief größere Wirkungen erzielt als die reale Anwesenheit des Schreibers, läuft etwas falsch, und die Aussichten sind schlecht. Der Absender sollte außerdem wissen, daß in Liebesbriefen durchaus Leidenschaft glühen kann, doch sie ist mehr auf die Lust an der Selbstdarstellung gerichtet als auf den Adressaten der Mitteilung.

Das gleiche gilt für Abschiedsbriefe, die sämtlich, egal in welcher Form, zu mißbilligen sind. Rechtfertigungen von der Art, daß man den anderen oder sich selbst eine qualvolle Szene ersparen wolle oder daß man die eigenen Beweggründe auf diese Weise klarer, gelassener und objektiver darlegen könne, sind nichts als reine Feigheit oder der uneingestandene Wunsch, eine Antwort herauszufordern. Darum müßte ein Abschiedsbrief in Wahrheit als Einleitung zu einem neuen Kapitel dienen.

Findet man sich aufgrund eines sprachlichen Mißverständnisses unvermutet in einer Liebesszene wieder, ohne selber zu lieben, dann ist dies entweder eine schreckliche Erfahrung, wie alle Liebesszenen ohne Liebe, oder man muß mit Lächerlichkeit rechnen, die man zwar abschwächen, aber nie ganz umgehen kann. Ebensowenig nützt in solchen Situationen die sprachliche Emphase, die an das Prinzip «Leidenschaft veredelt alles» appelliert. Denn jedesmal, wenn wir als «Vertreter der Spezies» auftreten, müssen wir außerdem zeigen, daß wir noch etwas mehr und etwas anderes sind, und dies in einem Moment, wo die Schranken um unser Ich schon gefallen sind, wo wir unserem Gegenüber bereits erlaubt haben, die Tiefen unseres Wesens zu erforschen.

Nicht solange es noch lodert, erst wenn das Feuer erlischt, wird den beiden bewußt, wie unterschiedlich ihre Leidenschaften waren, und manch einer muß erkennen, daß sein ganzes Werben der Höflichkeit von Hausmeistern ähnelte, daß es sich bis zum Festtag steigerte, um dann rasch abzuflauen. In solchen Fällen benutzen Frauen die Sprache, um sich zu verstecken, die Männer, um zu lügen.

Liebesbeziehungen nutzen sich ab, wie jeder weiß, und wenn man den Verdacht hat, das Ende werde früher oder später kommen, ist es in Wirklichkeit schon da. Der Gemeinplatz, der dazu auffordert, sich zurückzuziehen, sobald man den Gewinn in der Tasche hat, führt hier in die Irre, denn erst wenn man zu verlieren beginnt, wird einem bewußt, worin der Gewinn eigentlich bestand. Kein Grund zu verzweifeln, schließlich hat auch ein Sonnenuntergang seinen Glanz und seine Schönheit. Dabei darf man allerdings nicht vergessen, daß zu dem Zeitpunkt, an dem sich die Blicke noch vor einem feuertrunkenen Horizont treffen, die Schatten auf der Erde schon länger und dunkler werden.

Beim Abschied sollte man sich entschieden und klar ausdrücken, das gehört zum Spiel. Wer sich bemüht, den Abschied als einen Akt der Mitmenschlichkeit erscheinen zu lassen, betrügt sich selbst, nie das Opfer. In der Brutalität des Finales spiegelt sich immer die anfängliche Unsicherheit. Eine andere Variante der Unaufrichtigkeit ist der Versuch, die Liebe zur Freundschaft zu verwässern. Jede Art von Surrogat für die Liebe ist unerfreulich, und nichts ist schlimmer als Mitleid. Eros hat in seinem Köcher nur einen Pfeil für jedes Herz, und ein allgemeines Schicksal wird nicht dadurch außergewöhnlich, daß man persönlich davon betroffen ist.

Jede Liebesgeschichte legt unsere Seele bloß, die sich der Sprache anvertraut, um Mißgunst, Neid, Eifersucht, die vergifteten Küsse des Hasses, die fast perfekt simulierte Zärtlichkeit und das Wissen um die gegenseitigen Geheimnisse auszudrücken: All das sind Glieder jener schweren Kette, die sich um unsere Seele legt, wenn wir Teil der Ränke werden, die nur die Sprache zu spinnen weiß. Vielleicht steckt gar nichts hinter dem Leben zu zweit, aber weil dieses Nichts sich nicht zeigt, weckt es unsere grenzenlose Neugierde und verführt uns zur nimmermüden Suche nach Liebe, wobei wir fast immer vergessen, daß Liebe vom Himmel fällt.

Denn wir sind nur Gäste eines Ereignisses, das uns übersteigt, und können in Liebesdingen nichts selbst entscheiden. All unser Gezänk, unsere Eifersuchtsszenen, unsere

Betrügereien und unsere Treueschwüre sind leeres Ge-
schwätz über etwas, das nicht von uns abhängt, sondern vom
Himmel, der unser Seelenleben eingerichtet hat, von dem
wiederum sein Geschöpf, die Liebe, abhängt.

19.

Liebe und Wahnsinn

> Den göttlichen Wahnsinn aber teilten wir nach vier Göttern in vier Teile, wobei wir die seherische Inspiration dem Apollon zuschrieben, die der Weihen dem Dionysos, die dichterische wiederum den Musen, die vierte aber der Aphrodite und dem Eros, wobei wir diese als Liebeswahnsinn bezeichneten und sagten, er sei der beste von allen.
>
> Platon *Phaidros*

«Wenn «ich» dir meine Liebe gebe, was genau gebe ich dann, und wer ist das «ich», das gibt, und wer eigentlich bist *du*?» fragt sich der amerikanische Psychoanalytiker Stephen Mitchell.[162] Die Frage ist nicht rhetorisch gemeint. Sie kennzeichnet vielmehr eine grundsätzliche Umkehr im Nachdenken über das Wesen der Liebe, die immer als etwas aufgefaßt wurde, was das Ich besitzt und über das es verfügen kann. Dennoch glaubt niemand wirklich vorbehaltlos, daß der andere die reine Wahrheit spricht, wenn er sagt: «Ich liebe dich.» Liebe ist keine Angelegenheit des Ichs.

Zuletzt hat uns Freud daran erinnert, als er feststellte: «Das Ich ist nicht Herr im eigenen Haus»[163]. Denn es sind unbewußte Kräfte, die beeinflussen, was das Ich für seine eigenen Entscheidungen hält. Freud nahm dem aufklärerischen Vertrauen in die allmächtige Vernunft und den freien

Willen, der die Leidenschaften lenkt, seine Glaubwürdigkeit. Die menschliche Psyche ist nicht rational, sondern ein Etwas, das sich taumelnd voranbewegt, ja sie hat nicht einmal einen versteckten Steuermann, der ihrem bloß nominellen Besitzer unbekannt wäre. Die unbewußten Prozesse werden nicht in einer Subjektivität organisiert, wie dunkel und verborgen sie auch sein möge, es sind zerstreute Fragmente.

Es war Nietzsche, der uns vor Freud auf diese Dinge aufmerksam machte, und von ihm übernahm Freud auf Anregung seines Freundes Georg Groddeck den Begriff des «Es»[164]. Nicht «Ich denke», sondern «Es denkt». Und wenn das Ich nicht einmal Herr seiner Gedanken ist, wie könnte es dann Herr über seine Gefühle in der Liebe sein? Darum hört man die Worte desjenigen, der sagt «Ich liebe dich», immer mit einem gewissen Mißtrauen.

Vor Nietzsche und Freud wiederum hatte Schopenhauer ähnlich gedacht, den Nietzsche seinen «Erzieher» und Freud seinen «Vorläufer» nennt. Für ihn streiten in jedem von uns zwei Leben: das der *Gattung* und das des *Individuums*, die sich gerade in der Liebe vermischen. Denn, so Schopenhauer: «Jedes Individuum, jedes Menschengesicht und dessen Lebenslauf ist nur ein kurzer Traum mehr des unendlichen Naturgeistes, des beharrlichen Willens zum Leben.»[165]

Dieser Wille zum Leben, der irrational ist, weil er keinen anderen Zweck verfolgt als seinen eigenen Fortbestand, täuscht die einzelnen Individuen mit den Verlockungen der Liebe. Sie glauben, die Subjekte ihrer erotischen Erlebnisse zu sein, und sind doch in Wirklichkeit nur Werkzeuge, derer sich die Gattung für ihre Selbsterhaltung bedient. Nicht wir sind die Subjekte unserer erotischen Erfahrungen, sondern mysteriöse, unpersönliche Kräfte, mit denen die Gattung ihre Zwecke verfolgt.

Lange vor Freud, vor Nietzsche und vor Schopenhauer hatte dies alles Platon festgestellt. Mit dem *Symposion* hat er uns den wohl tiefgründigsten Text geschenkt, der in der westlichen Kultur jemals über die Liebe verfaßt wurde. Platon schreibt:

> Und wenn sie dann ihr ganzes Leben miteinander verbunden bleiben, dann könnten sie nicht einmal sagen, was sie voneinander erwarten. Denn es wird kaum jemand glauben, daß es der gemeinsame Liebesgenuß sei, weswegen sich der eine so leidenschaftlich darüber freut, mit dem anderen zusammen zu sein. Sondern es ist klar, daß die Seele von beiden etwas anderes will, das sie nicht nennen kann, sondern sie ahnt nur, was sie will, und läßt es dunkel erraten.[166]

Man darf Platon nicht «platonisch» lesen, das heißt, im aseptischen, erbaulichen, «christlichen» Sinne. Man darf die Demütigung des Körpers nicht als Demütigung der Lüste, der Leidenschaften, der Sexualität verstehen. Platons Blick reicht weiter. Was ihm am Herzen liegt, sind die Probleme der *Sagbarkeit* und der *Unsagbarkeit*, also die Regeln der Vernunft und die Abgründe des Wahnsinns.

Platon betrachtet die «Dinge der Liebe» oder, wie es im griechischen Original heißt, die *aphrodísia*, und fragt, was die Seele mit diesen Dingen sagen oder nicht sagen kann (*eipeîn*). Dort, wo das Sagen abbricht, weil die Regel nicht mehr genügt, um das Wort aussagekräftig zu machen, öffnet sich der dunkle Grund der Ahnung (*manteúetai*) und des Rätsels (*ainíttetai*). Die Liebe gehört zum Rätsel und das Rätsel zum Wahnsinn.

Auch der Wahnsinn ist für Platon eine Erfahrung der Seele, doch nicht im Sinne eines seelischen Zusammenbruchs oder weil er sich dem Sinn und der Ordnung sprachlicher Bedeutungen verschließt. Vielmehr weiß Platon, daß die Erfahrungen der Seele sich jedem Versuch entziehen, sie zu fixieren und in einer übersichtlichen Reihenfolge anzuordnen. Denn die Seele ahnt, daß die Totalität, die über alle rationalen Ordnungen hinausgeht, ungreifbar flüchtig ist, daß der Un-Sinn den Sinn kontaminiert, daß das Mögliche das Reale überschreitet, daß jeder Versuch vollständigen Verstehens aus einem tiefen Abgrund aufsteigt, der Chaos ist, Öffnung und Empfänglichkeit für jeden Sinn. Zu einem solchen Verstehen gelangt man nicht mit den wohlgeordneten Worten des Ichs, sondern nur durch den Zusammenbruch des Ichs, wenn es zum Beispiel jener Gewalt keinen Widerstand mehr entgegensetzt, die in die Wohnstatt des Ichs einbricht, um diese so lange zu verklären, wie sie sich dort aufhält. Dieser Einbrecher und zeitweilige Gast im Haus unseres Ichs ist Eros.

Platons Philosophie errichtet eine Welt der Vernunft, die einzige für Menschen bewohnbare, aber er verschließt bei diesem Bau den Abgrund des Wahnsinns nicht. Er nimmt ihn vielmehr an, als Bedrohung und als Geschenk, als Ort unkontrollierbarer Worte und als Sitz der Götter. Darum sagt er im *Phaidros*: «Nun verdanken wir aber die Entstehung der größten Güter einem Wahnsinn, freilich einem, der durch göttliche Gabe gegeben wird.»[167] Und weiter: «Um so schöner ist auch nach dem Zeugnis der Alten der Wahnsinn als der gesunde Verstand; denn jener kommt vom Gotte, dieser aber vom Menschen.»[168]

Aber wer sind die Götter? Sie sind die Bewohner jener Welt, die vor der menschlichen Vernunft liegt und die der

Vernunft die Inhalte anbietet, die zu abgeschlossenen, vollendeten Sinneinheiten geordnet werden müssen. Einer, der diese Welt der Götter kennt, ist Sokrates. Er betrachtet die von ihm selbst eingesetzte Vernunft nicht nur im Hinblick auf die Ordnung, zu der sie beiträgt. Denn er weiß, aus welchem Chaos er sie heraufbeschworen, aus welchem Abgrund er sie herausgerufen hat. Im *Symposion* erzählt Sokrates, wie ihn, der nichts weiß (*oudèn epístasthai*), eine Frau eines Tages das einzige lehrte, wovon sie etwas versteht: das Wissen um die Dinge der Liebe. Und so beschrieb sie den Eros:

Ein großer Dämon, o Sokrates; denn alles Dämonische steht in der Mitte zwischen Gott und Sterblichem *(metaxỳ thnetoũ kaì athanátou)*.[169]

Es handelt sich also um eine Angelegenheit zwischen dem menschlichen und jenem vor-menschlichen Grund, der ohne Unterschied von Tieren wie von Göttern bewohnt wird. Im anthropologischen Sinne besteht dieser Grund aus Projektionen, Instinkten und Trieben, die das rationale Ich «erleidet» und darum als etwas «außerhalb seiner selbst» auffaßt. Die Götter sind in uns, und ihr Wahnsinn bewohnt uns. Um die Dinge der Liebe zu wissen bedeutet demnach zu wissen, daß wir bei der Liebe zum anderen Teil unserer selbst in Beziehung treten, zum Wahnsinn, über den wir eines Tages hinausgewachsen sind, freilich ohne daß wir ihn hinter uns gelassen hätten wie eine bloße Erinnerung an Vergangenes. Denn jedesmal, wenn wir mit den Dingen der Liebe zu tun haben, erkennen wir, wenn wir keine «gemeinen Menschen (*bánausoi*)»[170] sind, daß wir mit diesem Wahnsinn zu tun haben.

Die Liebe, von der Sokrates spricht, hat also nicht die Form eines menschlichen Gefühls, sondern eine weit bedrohlichere: Sie ist das Besessensein (*katokoché*) von einem Gott. Keinem noch so heftigen Gefühlsüberschwang oder keiner noch so großen anderen Erregung vergleichbar, zeigt der Enthusiasmus, den sie hervorruft, daß der Mensch in diesem Zustand von einem Gott bewohnt wird, den er in sich trägt (*éntheos*). Darum ist es nicht das vernünftige Ich, das hier spricht, sondern der Gott, der von ihm Besitz ergriffen hat.

Das genügt, um zu begreifen, daß das rationale Ich in der Liebe eine Dislokation erfährt (*atopía*, sagt Sokrates mit Bezug auf seine Krankheit). Sie versetzt unseren Verstand an einen anderen Ort und zwingt uns, von der Liebe auszugehen und nicht vom Ich, das eine Liebesgeschichte beginnt. *Denn die Liebe ist nicht etwas, worüber das Ich verfügen kann, sondern etwas, das über das Ich verfügt.* Sie ist etwas, das dem Ich einen Sprung versetzt, es auf die Krise hin öffnet, aus seinem Zentrum reißt, aus der Ordnung seiner Verbindungen, um es in Zusammenhänge von ganz anderer Form und Qualität zu versetzen. Darum spricht Sokrates bei der Liebe von Besessenheit, von *katokoché*:

> Und weil Eros der Sohn des Poros und der Armut ist, befindet er sich nun auch in folgender Lage. Erstlich ist er allezeit arm und bei weitem nicht so zart und schön, wie die meisten Leute glauben, sondern herb, rauh, unbeschuht und ohne Haus, da er stets auf der Erde und ohne Decken liegt und vor Türen und auf Wegen unter freiem Himmel schläft und, der Natur seiner Mutter gemäß, immer der Dürftigkeit Genosse ist.[171]

Eros ist also nicht nur Sohn der Armut (Penía), sondern auch des Póros, des Weges, des Durchgangs, der Furt. Als solcher gewährt er dem uns innewohnenden Wahnsinn Durchlaß. Dieser bricht in die Ordnung der Bedeutungen ein, die das Ich errichtet hat, um den Wahnsinn zu bannen. Dort erzeugt er jenen Gegensinn, der die Maskerade entlarvt, mit welcher der Wahnsinn gebannt wurde. Und nun ahnt man, in welche Richtung die Überlegungen im *Symposion* gehen: Liebe ist kein körperlicher Genuß, Liebe ist viel mehr. Da Eros «in der Mitte zwischen beiden» steht[172], wird er zum Dolmetscher (*hermeneúein*) zwischen dem Vernunftgebäude, das der Mensch errichtet hat, und dem Wahnsinn, der ihm noch immer innewohnt. *Liebe ist also keine Beziehung zwischen Menschen, wie man gewöhnlich glaubt, sondern eine Beziehung zwischen der rationalen Seite des Menschen und seiner wahnsinnigen oder göttlichen Seite.*

Doch was wird aus dem Ich und seinem anderen Teil, wenn Eros sich ihrer annimmt? Was wird aus dem Menschen und dem Gott, wenn Eros zwischen beiden vermittelt? Wenn Eros, wie Sokrates ihn beschreibt, weniger die *Beziehung zu einem anderen Menschen* als die *Beziehung zu dem anderen Teil unserer selbst* ist, ein Rückzug des Ichs, um den ihm innewohnenden Wahnsinn freizugeben, dann hat Eros mit der Geburt und dem Tod, den ontologischen Grenzen unserer Existenz, zu tun. Tod des Ichs, weil seine Grenzen sich auflösen, und seine Wiedergeburt in neuen Gestaltungen.

Tatsächlich gibt es bei Eros eine Zeugungsabsicht, sagt Sokrates: «Er [...] nähert sich dem wahren Sein und vermählt sich mit ihm, [...] gedeiht und findet so erst Ruhe von seinem Zeugungsdrang.»[173] Dies geschieht erst nach der Todeserfahrung (die im Orgasmus simuliert wird). Sie befreit uns gewaltsam von unserem zähen Beharren auf dem Fortbestand des Ichs.

Sich der Liebe hingeben, heißt also nicht, sich einander hinzugeben, sondern sich auf jenen ungewöhnlichen, befremdlichen Bereich einzulassen, der den einen wie den anderen unabhängig von beider Handlungen und Absichten auf den Wahnsinn, ja auf den Tod einstimmt, der die größte Ähnlichkeit mit der Liebe besitzt. Wenn Eros sich dann wieder zurückzieht, hinterläßt er in den Körpern die Spur eines Risses. Was aber bedeutet dieser «Riß»?

Gehen wir zu den Ursprüngen zurück und rekonstruieren wir Worte und Szenen, die uns vom Gegensatz zwischen Menschen und Göttern, von Verletzungen und von Heilungen erzählen. «Nämlich unsere ehemalige Natur war nicht dieselbige wie jetzt, sondern eine ganz andere», berichtet Platon. Am Anfang waren die Menschen gleichzeitig weiblich und männlich, das eine und das andere (*amphóteroi*), ihre Gestalt war kugelförmig, ihr ganzes Aussehen rund, und «sie befruchteten und erzeugten nicht ineinander, sondern in die Erde wie die Zikaden»[174].

Eines Tages wollte Zeus den Menschen für seinen Hochmut bestrafen, ohne ihn zu vernichten, und schnitt ihn darum in zwei Teile. Seitdem ist «jeder von uns also Bruchstück eines Menschen (*hékastos oûn hemôn estin anthrópou symbolon*)»[175], die Hälfte, die ihre andere, zu ihr gehörende Hälfte sucht. Um aber diese «alte Wunde» zu heilen, sandte Zeus den Eros aus:

Denn er ist der menschenfreundlichste unter den Göttern, da er der Menschen Beistand und Arzt ist in demjenigen, aus dessen Heilung die größte Glückseligkeit für das menschliche Geschlecht erwachsen würde. (...) Von so langem her also ist die Liebe zueinander den Menschen angeboren, um die ursprüngliche Natur wiederherzustellen, und versucht aus zweien eins zu machen und die menschliche Natur wieder zu heilen.[176]

Seitdem vereinigen die Menschen sich miteinander und pflanzen sich auf diese Weise fort. Als Mittler zwischen den Menschen und den Göttern wirkt Eros an den Grenzen des Menschlichen, dort, wo der vorgeschichtliche Ursprung, von dem unsere Geschichte ihren Ausgang nahm, uns noch als verdrängter Wahnsinn beherrscht. Die Berührung damit fasziniert uns und verführt uns zur immer weiter fortschreitenden Aufgabe unseres Ichs, damit sich der Wahnsinn des Eros freisetzen kann, wo der Sinn mit dem Un-Sinn spielt, und wo es kein neues Wort gibt, das nicht in jedem Augenblick den alten Wahnsinn auslöst.

So macht Platon den Gott Eros zum Symbol für den Zustand des Menschen, der nach Geschlechtern getrennt wurde, «damit er sein Zerschnittensein immer vor Auge habe»[177]. Und hier liegt der Grund, warum Liebe nicht nur eine körperliche Angelegenheit ist, sondern die Erinnerung an einen Riß. So erklärt sich die unaufhörliche Suche nach jener ursprünglichen Vollständigkeit. Im Verhältnis zu ihr ist jede liebende Umarmung Erinnerung, Versuch und Scheitern.

Nun, da ich euch alles über die Liebe gesagt habe, dürft ihr nicht glauben, ich wüßte mehr darüber als ihr: der kleine Junge, das Neugeborene wissen ebenso viel darüber wie ich.

Der einzige Unterschied besteht darin, daß er, der nicht viel an Jahren und noch weniger an Erfahrung zählt, noch an das glaubt, was ihn quält; während wir, die wir schwer an Jahren und an Erfahrung tragen, versuchen, unsere Illusionen mit ihrer Hilfe weniger schmerzhaft zu machen. Aber können wir mit all dem vielleicht besser lieben als er?

Malek Chebel *Le livre des séductions*

ANMERKUNGEN

Einige Zitate liegen nicht in deutscher Übersetzung vor. Deren Übertragung übernahm Annette Kopetzki.

1 Karl Jaspers, *Philosophie, III Metaphysik*, München 1994, S. 102–116.

2 Vgl. Umberto Galimberti, *Orme del sacro. Il cristianesimo e la desacrializzazione del sacro*, Mailand 2000, besonders S. 13–34. Zum Konzept des Individuums im Zeitalter der Technik vgl. ders.: *Psiche e techne. L'uomo nell'età della tecnica*, Mailand 2000.

3 Norman Oliver Brown, *Zukunft im Zeichen des Eros*, Pfullingen 1962.

4 Umberto Galimberti, *La terra senza male. Jung: dall'inconscio al simbolo*, Mailand 2001.

5 Christos Yannaras, *Variazioni sul Cantico dei cantici*, Schio 1994, S. 25.

6 Lukas 10.18; zitiert nach der Einheitsübersetzung, Stuttgart 1980.

7 Das Hohelied Salomo 3.1.

8 Das Hohelied Salomo 7.12–13.

9 Karl Jaspers, *Philosophie, I Philosophische Weltorientierung*, München 1994, S. 258.

10 Sören Kierkegaard, *Furcht und Zittern*, Hamburg 1961, S. 55.

11 Gianni Baget Bozzo, *L'uomo, l'angelo, il demone*, Mailand 1989, S. 9.

12 Fjodor Dostojewskij, *Die Dämonen*, München 2005, S. 23.

13 Sören Kierkegaard, *Furcht und Zittern*, Frankfurt/M. 1984, S. 49–62.

14 Georges Bataille, *Die Erotik*, München 1994, S. 19.

15 Ebd., S. 24.

16 Ebd., S. 25.

17 Sigmund Freud, *Totem und Tabu*, in: *Gesammelte Werke*, hrsg. von Anna Freud u.a., Frankfurt/M. 1961, Bd. 9, S. 75–77.

18 Platon, *Symposion*, Hamburg 2000, 203e.

19 Ebd. 202e.

20 Robert van Gulik, *Sexual Life in Ancient China*, New York 1996, S. 125.

21 Ebd. S. 125f.

22 James Hillman, *Pan und die natürliche Angst. Über die Notwendigkeit der Alpträume für die Seele*, Zürich 1981.

23 Dante Alighieri, *Die Göttliche Komödie*, Stuttgart 1951, S. 7–10.

24 Marco Trevi, *Sesso, erotica, amore: una possibile geometria*, in: *L'amore*, hrsg. von Gabriele Mazzotta, Mailand 1992, S. 28, 31.

25 Jean Baudrillard, *Il destino dei sessi e il declino dell'illusione sessuale*, in: Mazzotta (Hg.), *L'amore*, S. 85.

26 Sigmund Freud, *Drei Abhandlungen zur Sexualtheorie*, in: Freud (Hg.), *Gesammelte Werke* Bd. 5, S. 61.

27 Donatien A.-F. de Sade, *Die 120 Tage von Sodom*, München 1974, S. 62.

28 Donatien A.-F. de Sade, *Juliette oder Die Vorteile des Lasters*, München 1998, S. 317.

29 Genesis 1,3–10 (Auszug): «Gott schied das Licht von der Finsternis und Gott nannte das Licht Tag, und die Finsternis nannte er Nacht. Dann sprach Gott: Ein Gewölbe entstehe mitten im Wasser und scheide Wasser von Wasser. Dann sprach Gott: Das Wasser unterhalb des Himmels sammle sich an einem Ort, damit das Trockene sichtbar werde. Das Trockene nannte Gott Land, und das angesammelte Wasser nannte er Meer. Gott sah, daß es gut war.»

30 Vgl. vertiefend dazu Janine Chasseguet-Smirgel, *Kreativität und Perversion*, Frankfurt/M. 1986, S. 15–23.

31 So beschreibt Franco De Masi die Perversion (vgl. Franco De Masi, *Perversione*, in: *I concetti del male*, hrsg. von Pier Paolo Portinaro, Turin 2002, S. 285.)

32 Maurice Blanchot, *Sade*, Berlin 1963, S. 13f.

33 Bataille, *Die Erotik*, S. 160–172.

34 Blanchot, *Sade*, S. 58.

35 Bataille, *Die Erotik*, S. 166.

36 Sigmund Freud, *Jenseits des Lustprinzips*, in: Freud (Hg.), *Gesammelte Werke*, Bd. 13, S. 35–69.

37 Zur Thematik des Heiligen vgl. Galimberti, *Orme del sacro*.

38 Vgl. Bataille, *Die Erotik*, S. 179.

39 Zum Thema des vorhumanen Grundes vgl. Umberto Galimberti, *Die Seele. Eine Kulturgeschichte der Innerlichkeit*, Wien 2005

40 Sigmund Freud, *Bruchstück einer Hysterie-Analyse*, in: Freud (Hg.), *Gesammelte Werke*, Bd. 5, S. 210.

41 Genesis 38,1–9 und Deuteronomium 25,5–10.

42 Hippokrates, *Die alte Heilkunst*, in: *Schriften. Die Anfänge der abendländischen Medizin*, hrsg. von Hans Diller, Hamburg 1962, S. 218f.

43 vgl. Hillman, *Pan und die natürliche Angst*.

44 Thomas von Aquin, *Summa theologiae (1259–1273)*, Rom 1962, Secunda Secundae, Quaestio CLIII: «De vitio luxuriae», Quaestio CLIV: «De specibus luxuriae».

45 Simon-André-David Tissot, *Von der Onanie, oder Abhandlung über die Krankheiten, die von der Selbstbefleckung herrühren* (1760), in: *O Wollust, o Hölle*, hrsg. von Ludger Lütkehaus, Frankfurt/M. 1992, S. 76ff.

46 Jean-Jacques Rousseau, *Julie oder Die neue Héloïse*, München 1978, Teil II, 15. Brief von Julie, S. 242–246; *Die Bekenntnisse*, Frankfurt/M. 1985, Buch II-III, S. 89–203; *Emile oder Über die Erziehung*, Stuttgart 1998, Buch IV.

47 Immanuel Kant, *Von der wollüstigen Selbstschändung*, S. 61–63, in: *Über Pädagogik* (1803), in: *Klinkhardts Pädagogische Quellentexte*, Bd. 4, hrsg. von Theo Dietrich und Albert Reble, Bad Heilbronn 1960, S. 50f.

48 In: *Neues Magazin für Ärzte*, hrsg. von Ernst Gottfried Baldinger, Leipzig 1779, S. 43–51.

49 Christian Gotthilf Salzmann, *Über die heimlichen Sünden der Jugend* (1785), in: Lütkehaus (Hg.), *O Wollust, o Hölle*, S. 125ff.

50 Johann Heinrich Campe, *Allgemeine Revision des gesammten Schul- und Erziehungswesens von einer Gesellschaft praktischer Erzieher*, Wien und Wolfenbüttel 1787.

51 Zitiert in: Lütkehaus (Hg.), *O Wollust, o Hölle*, S. 33.

52 Karl Marx, *Ökonomisch-philosophische Manuskripte aus dem Jahre 1844*, Hamburg 2005, S. 102f.

53 Immanuel Kant, *Beantwortung der Frage: Was ist Aufklärung?* in: *Was ist Aufklärung? Thesen und Definitionen*, hrsg. von Erhard Bahr, Stuttgart 1974, S. 9–17, besonders S. 15.

54 Michel Foucault, *Der Wille zum Wissen*, Frankfurt/M. 1983, S. 27–49.

55 Jean-Paul Sartre, *Das Sein und das Nichts*, Reinbek 1993, S. 671.

56 Ebd., S. 674.

57 Jean Baudrillard, *Die fatalen Strategien*, München 1991, S. 142.

58 Anm. d. Ü.: Italienisches Wortspiel mit «o-scenità» und «scena».

59 Baudrillard, *Die fatalen Strategien*, S. 66.

60 Sartre, *Das Sein und das Nichts*, S. 638–719.

61 Claude Lévi-Strauss, *Die elementaren Strukturen der Verwandtschaft*, Frankfurt/M. 1993, S. 330ff.

62 Georg Simmel, *Philosophie des Geldes*, Leipzig 1907, S. 413.

63 Immanuel Kant, *Grundlegung zur Metaphysik der Sitten*, hrsg. von Bernd Kraft und Dieter Schönecker, Hamburg 1999, S. 60.

64 Gianfranco Bettin, *Prefazione*, in: *Quanto vuoi? Clienti e prostitute si raccontano*, hrsg. von Carla Corso und Sandra Landi, Florenz 1998, S. VII-VIII.

65 Kate Millett, *Das verkaufte Geschlecht. Die Frau zwischen Gesellschaft*

und Prostitution. Vier Frauenstimmen zum Thema, München 1973, S. 66f.

66 Sigmund Freud, *Neue Folge der Vorlesungen zur Einführung in die Psychoanalyse*, in: Freud (Hg.), *Gesammelte Werke*, Bd. 15, S. 123. In der 33. Vorlesung über «Die Weiblichkeit» schreibt er: «Die dem Weib konstitutionell vorgeschriebene und sozial auferlegte Unterdrückung seiner Aggression begünstigt die Ausbildung starker masochistischer Regungen, denen es ja gelingt, die nach innen gewendeten destruktiven Tendenzen erotisch zu binden. Der Masochismus ist also, wie man sagt, echt weiblich.»

67 Sigmund Freud, *Beiträge zur Psychologie des Liebeslebens*, in: Freud (Hg.), *Gesammelte Werke*, Bd. 8, S. 82.

68 Robert Lee Frost, *Der Tod des Tagelöhners*, in: ders., *Gesammelte Gedichte*, Mannheim 1952 , S. 66ff.

69 Jack Kerouac, *Unterwegs*, Reinbek 1968.

70 Friedrich Nietzsche, *Vereinsamt*, in: Freud (Hg.), *Gesammelte Werke*, Bd. 11, 28.

71 Giovanni Gentile, *Frammento di una gnoseologia dell'amore*, in: ders., *Opere*, Bd. III, Florenz 1959, S. 11ff.

72 Maurice Merleau-Ponty, *Phänomenologie der Wahrnehmung*, Teil II: *Die wahrgenommene Welt*, Berlin 1966.

73 Werner Heisenberg, *Über den anschaulichen Inhalt der quantentheoretischen Kinematik und Mechanik*, in: *Die Kopenhagener Deutung der Quantentheorie*, hrsg. von Werner Heisenberg und Niels Bohr, Stuttgart 1963.

74 Gentile, *Frammento di una gnoseologia dell'amore*, S. 12.

75 A.a.O.

76 Wallace Stevens, *Der Planet auf dem Tisch. Gedichte und Adagia*, Stuttgart 1983, S. 191–198.

77 Baudrillard, *Il destino dei sessi e il declino dell'illusione sessuale*, S. 86.

78 Vgl. Anm. 58.

79 Roland Barthes, *Die Sprache der Mode*, Frankfurt/M. 1985, S. 160.

80 Freud, *Totem und Tabu*, S. 42–46, 87.

81 Roland Barthes, *Mythen des Alltags*, Frankfurt/M. 1964, S. 107.

82 Foucault, *Der Wille zum Wissen*, S. 11.

83 Vgl. Umberto Galimberti, *Il corpo*, besonders Teil IV *Sociologia del corpo: l'iscrizione*, Mailand 2002, S. 185–238.

84 Genesis, 3,7.

85 Sartre, *Das Sein und das Nichts*, S. 516f.

86 Georg Wilhelm Friedrich Hegel, *Vorlesungen über die Ästhetik*, in: ders., *Werke*, Bd. 14, Frankfurt/M. 1986, S. 402.

87 Herodot, *9 Bücher zur Geschichte*, 1. Buch, Berlin 1898, S. 4ff.; und Hegel, *Vorlesungen über die Ästhetik*, S. 403f.

88 Georg Wilhelm Friedrich Hegel, *Die Liebe*, 10. *Zusatz zu den ‹Theologischen Jugendschriften›*, hrsg. von Hermann Nohl, Tübingen 1907, S. 381; vgl. auch ebd., S. 379: «Eigentliche Liebe [...] schließt alle Entgegensetzungen aus.»

89 Max Scheler, *Über Scham und Schamgefühl*, in: ders., *Gesammelte Werke*, Bd. 10, Bonn 1964–1993, S. 68.

90 Martin Heidegger, *Das Ding*, in: ders., *Vorträge und Aufsätze*, Pfullingen 1954, S. 157–179.

91 Vgl. Sigmund Freud, *Über einige neurotische Mechanismen bei Eifersucht, Paranoia und Homosexualität*, in: Freud (Hg.), *Gesammelte Werke*, Bd. 13, S. 195–207.

92 Aldo Carotenuto, *Gelosia*, in: *Corriere della Sera*, 16. Februar 2003, S. 32f.

93 Willy Pasini, *Gelosia. L'altra faccia dell'amore*, Mailand 2003, S. 32f.

94 Valentina D'Urso, *Otello e la mela. Psicologia della gelosia e dell'invidia*, Rom 1995, S. 34ff.

95 Eugene W. Mathes, Heather E. Adams und Ruth M. Davies, *Jealousy: Loss of Relationship Rewards, Loss of Self-Esteem, Depression, Anxiety and Anger*, in: *Journal of Personality and Social Psychology*, Nr. 48 1985, S. 1552–1561.

96 Peter van Sommers, *La gelosia*, Bari 1991, S. 60.

97 Pasini, *Gelosia*, S. 207f.

98 Sommers, *La gelosia*, S. 93.

99 Pasini, *Gelosia*, S. 208.

100 Carl Gustav Jung, *Versuch zu einer psychologischen Deutung des Trinitätsdogmas*, in: ders., *Gesammelte Werke*, Bd. 11, Zürich 1963, S. 148.

101 René Descartes, *Abhandlung über die Methode*, Hamburg 1952.

102 James Hillman, *Betrayal*, in: ders., *Senex and Puer. An Aspect of the Historical and Psychological Present*, Dallas 1979.

103 A.a.O.

104 Vgl. Gabriella Turnaturi, *Tradimenti. L'imprevedibilità delle relazioni umane*, Mailand 2000.

105 Vgl. William Klassen, *Judas: Betrayer or Friend of Jesus?*, London 1996.

106 Thomas Hobbes, *Vom Bürger*, in: *Elemente der Philosophie II/III*, hrsg. von Günter Gawlick, Hamburg 1994. Vgl. auch *Vorwort*, S. 69: «Darauf zeige ich nun, daß der Zustand der Menschen außerhalb der bürgerlichen Gesellschaft (den ich den

Naturzustand zu nennen mir erlaube) nur der Krieg aller gegen alle ist, und daß in diesem Kriege alle ein Recht auf alles haben.»

107 Konrad Lorenz, *Das sogenannte Böse. Zur Naturgeschichte der Aggression*, Wien 1963, S. 37–76.

108 Rousseau, *Emile oder Über die Erziehung*, 1. Buch: «Alles ist gut, wie es aus den Händen des Schöpfers kommt; alles entartet unter den Händen des Menschen», S. 67.

109 Leo N. Tolstoj, *Anna Karenina*, München 1994.

110 Vgl. Sören Kierkegaard, *Der Begriff Angst*, Reinbek 1960, S. 135.

111 Thomas Mann, *Der Zauberberg*, Frankfurt/M. 1991, S. 179.

112 Stendhal, *Über die Liebe*, Berlin 1985, S. 13.

113 Gustave Flaubert, *Lehrjahre des Gefühls*, Frankfurt/M. 2001, S. 80.

114 Stendhal, *Über die Liebe*, S. 52.

115 Gustave Flaubert, *Madame Bovary*, Leipzig 1952, S. 340.

116 Stendhal, *Rot und Schwarz*, München 1976, S. 298.

117 Stendhal, *Über die Liebe*, S. 180.

118 Maurice Blanchot, *La communauté inavouable*, Paris 1983, zitiert nach der ital. Ausgabe: ders., *La comunità inconfessabile*, Mailand 1984, S. 66.

119 Emmanuel Levinas, *Die Zeit und der Andere*, Hamburg 2003, S. 57f.

120 Emmanuel Levinas, *Totalität und Unendlichkeit: Versuch über die Exteriorität*, Freiburg 1993, S. 372.

121 Friedrich Nietzsche, *Morgenröthe. Gedanken über die moralischen Vorurtheile*, in: *Werke*, Berlin 1967, Abt. V, Bd. I, 2. Buch, § 532, S. 308.

122 Friedrich Nietzsche, *Menschliches, Allzumenschliches. Ein Buch für freie Geister*, in: ders., *Werke*, Berlin 1967, Abt. IV, Bd. 2,1, § 37, S. 33f.

123 Platon, *Symposion*, 174a.

124 Roland Barthes, *Fragmente einer Sprache der Liebe*, Frankfurt/M. 1988, S. 156.

125 Friedlich Nietzsche, *Nachgelassene Fragmente 1878–1879*, in: ders., *Werke*, Berlin 1967, Abt. VI, Bd. 2, S. 358.

126 Nietzsche, *Morgenröthe*, § 309, S. 220.

127 Nietzsche, *Menschliches, Allzumenschliches*, Abt. IV, Bd. 2, Teil VII, § 400, S. 277.

128 Friedrich Nietzsche, *Nachgelassene Fragmente 1879–1881*, in: ders., *Werke*, Berlin 1967, Abt. V, Bd. 1, § 6, S. 576.

129 Alain de Botton, *Versuch über die Liebe*, Frankfurt/M. 1997, S. 73ff.

130 Ebd., S. 85.

131 Furio Semerari (Hg.), *Amore. Itinerari di un'idea*, Fassano 1996, S. 30.

132 de Botton, *Versuch über die Liebe*, S. 48.

133 Platon, *Symposion*, 190d.

134 Augustinus, *Bekenntnisse*, Stuttgart 1989, 6. Buch, VII.12.

135 Robert Nozick, *Vom richtigen, guten und glücklichen Leben*, München 1991, S. 76f.

136 Nietzsche, *Morgenröthe*, 2. Buch, § 143, S. 134.

137 Platon, *Symposion*, 179a-b. Das Homer-Zitat bezieht sich auf die *Ilias*, 10. Gesang, V. 482, und 15. Gesang, V. 262.

138 Friedrich Nietzsche, *Nachgelassene Fragmente 1881–1882*, in: ders., *Werke*, Berlin 1967, Abt. V, Bd. 2, § 12 (35).

139 Friedrich Nietzsche, *Nachgelassene Fragmente 1880–1881*, in: ders., *Werke*, Berlin 1967, Abt. V, Bd. 1, § 6 (54), S. 537.

140 Friedrich Nietzsche, *Fröhliche Wissenschaft*, (1882) in: ders., *Werke*, Berlin 1967, Abt. V, 2. Bd. 1. Buch, § 14, S. 60.

141 Friedrich Nietzsche, *Jenseits von Gut und Böse*, Abt. VI, Bd. 2, § 194, S. 118.

142 Ebd., § 194 , S. 117.

143 Erich Fromm, *Die Kunst des Liebens*, München 1995, S. 139.

144 Marcel Proust, *Auf der Suche nach der verlorenen Zeit*, Frankfurt/M. 1977, Bd. 10: *Die Gefangene*, S. 119.

145 Fromm, *Die Kunst des Liebens*, S. 148.

146 Proust, *Auf der Suche nach der verlorenen Zeit*, S. 100

147 Nietzsche, *Fragmente 1880–1881*, § 3 (110), S. 409.

148 Ebd., § 3 (82), S. 398.

149 Ulrich Beck, Elisabeth Beck-Gernsheim, *Das ganz normale Chaos der Liebe*, Frankfurt/M. 1990, S. 226.

150 Denis de Rougemont, *Die Liebe und das Abendland*, Zürich 1987, S. 330.

151 Vgl. Marisa Rusconi, *Amati amanti. Liberazione sessuale e nuove coppie*, Venedig 1998.

152 Vgl. Bataille, *Die Erotik.*

153 Christopher Lasch, *The Minimal Self*, New York 1985.

154 Vgl. Leo N. Tolstoj, *Die Kreutzersonate*, München 1990.

155 de Rougemont, *Die Liebe und das Abendland*, S. 358ff.

156 Vgl. Karl Jaspers, *Philosophie*, Bd. II: *Existenzerhellung*, München 1994, S. 122–130.

157 Niklas Luhmann, *Liebe als Passion. Zur Codierung von Intimität*, Frankfurt/M. 1982, S. 93.

158 Charles Jaulnay, *Questions d'amour ou conversations galantes. Dediées aux Belles*, Paris 1671, S. 35.

159 Jean Benech de Cantenac, *Poésies nouvelles et autres œuvres galantes*, Paris 1661, S. 69.

160 Le Boulanger, *Morale galante ou l'art de bien aimer*, Paris 1669, Bd. II, S. 78.

161 Luhmann, *Liebe als Passion*, S. 89.

162 Stephen A. Mitchell, *Kann denn Liebe ewig sein? Psychoanalytische Erkundungen über Begehren und Beständigkeit*, Gießen 2004, S. 190.

163 Sigmund Freud, *Eine Schwierigkeit der Psychoanalyse*, in: Freud (Hg.), *Werke*, Bd. 12, S. 11.

164 Freud, *Neue Folge der Vorlesungen zur Einführung in die Psychoanalyse*, S. 79: «In Anlehnung an den Sprachgebrauch bei Nietzsche und infolge einer Anregung von G. Groddeck heißen wir es fortan das Es. Dies unpersönliche Fürwort scheint besonders geeignet, den Hauptcharakter dieser Seelenprovinz, ihre Ichfremdheit, auszudrücken. Über-Ich, Ich und Es sind nun die drei Reiche, Gebiete, Provinzen, in die wir den Seelenapparat der Person zerlegen.»

165 Arthur Schopenhauer, *Die Welt als Wille und Vorstellung*, Frankfurt/M. 1993, Bd. 1, § 58, S. 441.

166 Platon, *Symposion* 192c-d.

167 Platon, *Phaidros*, in: ders., *Meisterdialoge. Phaidon, Symposion, Phaidros*, Zürich 1958, 244a.

168 Ebd., 244d.

169 Platon, *Symposion*, 177d, 202d.

170 Ebd., 203a.

171 Ebd., 203d.

172 Ebd., 202e.

173 Platon, *Der Staat*, Düsseldorf 2000, Buch VI, 490b.

174 Platon, *Symposion*, 189d-191c.

175 Ebd., 190d.

176 Ebd., 189c-d.

177 Ebd., 191a.